半部论语

赵磊 著

北方妇女儿童出版社

图书在版编目(ＣＩＰ)数据

半部论语 / 赵磊著. -- 长春 : 北方妇女儿童出版
社, 2020.8
ISBN 978-7-5585-4629-7

Ⅰ.①半… Ⅱ.①赵… Ⅲ.①儒家②《论语》- 研究
Ⅳ.①B222.25

中国版本图书馆 CIP 数据核字(2020)第 158419 号

出 版 人	刘　刚	
责任编辑	张晓峰	
封面设计	张飞飞	
开　　本	700×1000mm　1/16	
印　　张	15.75	
字　　数	176 千字	
印　　刷	潍坊新天地印务有限公司	
版　　次	2021 年 1 月第 1 版	
印　　次	2021 年 1 月第 1 次印刷	

出　　版	北方妇女儿童出版社
发　　行	北方妇女儿童出版社
地　　址	长春市龙腾国际出版大厦
	邮　编:130021
电　　话	编辑部:0431-81629613
	发行科:0431-81629633

定　　价　58.00 元

序

孙敬明

　　年来迭历江汉之变,龟蚧蠢蠢,天下震动,余应命居家守静凡四十余日,惟读书作画以遣萦怀。蒙国家庇庥,火雷焚魔,天佑中华,疫情甫解!荷承麓台文化博物馆馆长慈文德先生雅偕其乡谊赵磊老师屈驾造访知松堂。此前友朋所至,皆作单口之谈,更阙杯茗之仪,至此始而品茗雨前,以佐谈兴,故欣欣然而乐也!

　　赵磊青年才俊,生于耕读世家,得静山弥水之泽霈。幼颖异,承祖训,钞读《论语》,不惟督其字体端庄方正,且授之以内蕴义理,朝斯夕斯,浸润有年,遂受益良深焉。《论语》乃春秋时期一部语录体散文集,记载孔子及其弟子之言行等。是书较为集中体现孔子之思想,主要由仲弓、子游、子夏与少数生处鲁国之亲炙及再传弟子相继编纂而成,并由子夏予全篇以润色。故汉儒云,《论语》章句出于子夏。《论语》核心在德与仁,全书共20篇492章。南宋时,朱熹将它与《孟子》《大学》《中庸》合称为"四书"。今人李学勤先生为华夏国际易道研究院院长马宝善先生撰《易道宇宙观——中华古老的象数逻辑》所作序言称:"现在大家都认识到传承和发展中华民族优秀传统文化的重要性和必要性,而传承与发展民族传统文化,必须溯其始源,探其根本。中华民族传统文化的学术内涵,即所谓国学。国学的范围也很宽广,不过从历史角度来说,就是我近几年反复在讲的:'国学的主流是儒学,儒学的核心是经学。'"《论语》诚国学之纯粹,儒学之经典,成书于数千年之上,载录孔夫子与其弟子问答议论修德推仁、崇尚美德与仁爱或事例典型,语言简练而内蕴深厚,包罗万象,博大精深。

《礼记·大学》云:"大学之道,在明明德,在亲民,在止于至善……古之欲明明德于天下者,先治其国;欲治其国者,先齐其家;欲齐其家者,先修其身;欲修其身者,先正其心;欲正其心者,先诚其意;欲诚其意者,先致其知;致知在格物。物格而后知至,知至而后意诚,意诚而后心正,心正而后身修,身修而后家齐,家齐而后国治,国治而后天下平。"数千年来人文之启蒙教化,不惟中华乃至东亚诸国亦将此奉为经典圭臬;而圣贤君子名流高雅,凡怀抱修身齐家治国平天下鸿鹄之志者,莫不由此而得启迪与教益。或谓半部《论语》治天下,洵非虚语!

赵磊世家,数代程门、桃李天下,而其衣钵传承,再执教鞭,为胜教优教,惟勤勉敬业,发奋攻读。其感念北宋张载所云:"为天地立心,为生民立命,为往圣继绝学,为万世开太平。"尊崇孔老夫子师门往圣,故励志教授稚子以《论语》经典。为求科学简洁、通俗易懂,其遍检章句注疏、引经据典、核覆文献;考察相关地理环境、名人故事与礼仪制度及名物种类;按篇章类项研讨,逐字句通释绎论。孜孜矻矻,篝灯属笔,不舍昼夜;叹其风帘摇红,雪窗凝墨,自春序秋,历数十寒暑,洎今著成《半部论语》一书。蒙赵磊老师惠示书稿,得识崖略,乐观厥成!付梓在即,故欣欣然为之序矣!

俾便读者更好认识这部著作之意义,岿特将赵磊老师与其研读注释《论语》之简况移录如此:

赵磊,1979年2月生,山东寿光人。中学语文教师,现任教于潍坊未来实验学校。系"全国优秀语文教师""山东省十大教育创新人物",山东省教科院"传统文化名师工作坊"、潍坊市教育局"赵磊初中语文名师工作室"主持人,潍坊市"传统文化导师团"成员,潍坊市"富民兴潍劳动奖章"获得者。曾多次获得"红杉树杯""四方杯""语文报杯"全国语文课堂教学大赛一等奖,山东省"初中语文优质课"一等奖。多年来,以传承弘扬优秀传统文化为己任,积极推进优秀传统文化进校园、进社区,组织编写优秀传统文化读本,举办优秀传统文化公益讲座,为推动传统文化的普及做出了积极贡献。《半部论语》系根据赵磊老师课堂讲义整理而成,收录了从"学而第一"至"泰伯第八"共八十讲。这部书,从师者的视角,以其深入浅出、诙谐幽默的口语化风格,以少年同学喜闻乐见的方式进行解读,以期收到童蒙养正、少年启智之功效。于个人而言,若能熟读精思,进而"起而行之",定能变化气质。于社会而言,亦能收到淳朴民风、敦厚人伦、立德树人之功用。

岁次庚子闰四月初吉于潍水之湄海岱复盦

(孙敬明,中国先秦史学会常务理事,中国殷商文化学会理事,中国钱币学会理事会学术委员会委员,山东省社会科学专家库成员,山东省文物专家委员会委员,山东省文物鉴定委员会委员,山东省博物馆特聘研究员,山东大学、山东师范大学与烟台大学兼职教授及研究生导师,潍坊市博物馆资深研究员。承担国家社会科学基金项目[编号:13BF052]"陈介祺研究"已结项,新获国家出版基金。)

目 录

公冶长篇

雍也篇

学而篇

《学而》是《论语》第一篇的篇名。《论语》中各篇一般都是以第一章的前二三个字作为该篇的篇名。《学而》一篇包括16则，内容涉及诸多方面，其重点有"吾日三省吾身""节用而爱人，使民以时""礼之用，和为贵"以及仁、孝、悌、信等道德范畴。其中"孝悌为仁之本"是《论语》的根本思想，由孝而悌，继而推己及人，我们要注意抓住这个根本，细细体会，这样才能更好地理解孔子及儒家的其他思想。

第一讲：诗意地栖居于大地之上

【原文】

1·1 子曰："学而时习之，不亦说乎？有朋自远方来，不亦乐乎？人不知而不愠，不亦君子乎？"

【讲述】

大概是2010年的元旦，全国各地影院热映《孔子》，时至今日，其中有一段孔子（周润发饰）与南子（周迅饰）的对话还让我感触颇深。影片中南子这样对孔子说：世人也许了解夫子的痛苦，却无人能够体会夫子在痛苦中达到的境界。只这一句，"夫子"就润湿了眼眶。再回过头来说孔子，他的人生可以说是个悲剧，悲壮而崇高，他就像是逐日

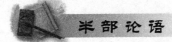

的夸父,舞干戚的刑天。他少年丧父,中年奔走,累累若丧家,晚年又承受丧妻丧子之痛,这样的人生,可以说是最最不幸的了,可是你能说孔子的生活不幸福、不快乐吗? 我们从《孔子家语》的很多记述中可以看得到孔子的生活状态:

子路问于孔子曰:"君子亦有忧乎?"子曰:"无也。君子之修行也,其未得之,则乐其意;既得之,又乐其治。是以有终身之乐,无一日之忧。小人则不然,其未得也,患弗得之;既得之,又恐失之。是以有终身之忧,无一日之乐也。"

叶公问孔子于子路,子路不对。子曰:"女奚不曰:其为人也,发愤忘食,乐以忘忧,不知老之将至云尔。"

可以说,孔子的人生是达到了至乐之境界的,达到这种人生至乐境界的还有孟子,他说:君子有三乐,而王天下不与存焉。父母俱存,兄弟无故,一乐也;仰不愧于天,俯不怍于人,二乐也;得天下英才而教育之,三乐也。

在西方,达到这种至乐之境,当首推苏格拉底,他是一个完美的奥尔弗斯式的圣徒,他总是穿着破烂的衣服、光着脚到处游走,不顾寒暑和饥渴,因为他认为,是"神"教导他不停地实践和教导哲学,并且尽力去教导每一个人。虽然,他这样做的结果引起了很多人的妒忌乃至仇视,甚至当时整个社会舆论也对他十分不利,因为当时社会上普遍流传着苏格拉底是个有智慧的人、危险的人和颠倒是非的人。就在公元前 399 年,他被判死刑,但他始终坚持真理,丝毫不介意世俗的成败。这里节录一段苏格拉底在雅典法庭受审时,向他的同胞公民辩白自己说的一些话,从中我们可以感受到那颗伟大而高贵的心:

时至今日,我仍然遵循神的旨意,到处察访我认为有智慧的人,无论他是本城公民还是外地人;每想到有人不聪明,我就试图通过指出他是不聪明的来帮助神的事业。这个事业使我无暇参与政治,也没有时间来管自己的私事。事实上,我对神的侍奉使我一贫如洗。

有人也许会说,苏格拉底,你做了一系列事情使你面临死刑的危险,你不感到懊悔吗?

对此我会公正地回答,我的朋友,如果你认为一个人要在掂量了生存与死亡之后才决定是否值得在某件事上花时间,那么你错了。他在采取任何行动时只考虑一件事,这就是他的行为是否正确……

如果某一个人一旦有了他的立场,无论他认为这种立场是好还是由于职责所在,那么我相信他必然面对危险,宁死勿辱,根本不会去考虑死亡或其他事情。

我想,中国士人的杀身成仁,舍生取义,在这里找到了最好的注脚。而这种行为的背后是什么?就是这个"立场"的支撑,这个"立场"是什么?就是理想、信念、道德。所以,我们现在的教育,不讲这些行吗?如果我们培养的孩子理想缺失、信仰全无、意志脆弱,我想,这样的孩子是没有出息的,这样的民族是没有希望的。

我还想起了长着一张像猩猩一样悲愁的脸,像猩猩一样沉思阴郁的罗素,他的《我为何而生》也曾让我感动许久:

对爱情的渴望,对知识的追求,对人类苦难不可遏制的同情,是支配我一生的单纯而强烈的三种感情。这些感情如阵阵飓风,吹拂在我动荡不定的生涯中,有时甚至吹过深沉痛苦的海洋,直抵绝望的边缘。

我所以追求爱情,有三方面的原因。首先,爱情有时给我带来狂喜,这种狂喜竟如此有力,以致使我常常会为了体验几小时爱的喜悦,而宁愿牺牲生命中其他一切。其次,爱情可以摆脱孤寂——身历那种可怕孤寂的人的战栗意识,有时会由世界的边缘,观察到冷酷无

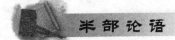

生命的无底深渊。最后,在爱的结合中,我看到了古今圣贤以及诗人们所梦想的天堂的缩影,这正是我所追寻的人生境界。虽然它对一般的人类生活也许太美好了,但这正是我透过爱情所得到的最终发现。

我曾以同样的感情追求知识,我渴望去了解人类的心灵。也渴望知道星星为什么会发光,同时我还想理解毕达哥拉斯的力量。

爱情与知识的可能领域,总是引领我到天堂的境界,可对人类苦难的同情经常把我带回现实世界。那些痛苦的呼唤经常在我内心深处引起回响。饥饿中的孩子,被压迫被折磨者,给子女造成重担的孤苦无依的老人,以及全球性的孤独、贫穷和痛苦的存在,是对人类生活理想的无视和讽刺。我常常希望能尽自己的微薄之力去减轻这不必要的痛苦,但我发现我完全失败了,因此我自己也感到很痛苦。

这就是我的一生,我发现人是值得活的。如果有谁再给我一次生的机会,我将欣然接受这难得的赐予。

"我为何而生?"这是一个难参的人生之谜,但是任何人都无法回避。罗素的回答是:爱、知识和怜悯,这三者囊括了西方文化的精髓。纵观罗素的一生,可以说痛苦与欢欣并存,不过自始至终,痛苦也是他生活的动力,在心底里,他还是像雪莱的诗里写的那样:"爱波涛暴风和狂澜——几乎任何事物",深沉的爱和痛苦汇成一股崇高的悲悯的力量,指引他去追求人类更为理想的生活。

其实,人生是有诸多滋味的,绝非只有快乐一种。人生的痛苦是绝对的,而快乐却是相对的,关键是如何引导孩子去面对人生的痛苦,去品味人生的爱恨情愁,喜怒哀乐。当然,我们不可能都要求孩子像先哲们那样生活,但是教育的定位却不能不高,品位不能不高,格局不能不高!须知"取法乎上,仅得乎中",若"取法乎中",也就仅"得乎下"了。

所以,我在开篇就讲这个"不亦说乎"的"说"和这个"不亦乐乎"的"乐",这里的快乐,绝非世俗人的口腹之欲,也非世俗人的功名利禄。绝对不是建立在损人利己基础之上的"独乐乐",一定是建立在利益他人、服务民众基础之上的"众乐乐"。

那么,这个快乐从何而来呢? 首先是学习。人之所以为人,就在于我们在不断学习、不断改造自己、不断自我实现的路上,去过一种觉悟了的、有意义的生活。这里,我要把"学"和"习"拆开来讲。

先说"学",《说文》释义——"学,觉悟也"。觉悟是一种状态,一种境界,同时也是一个过程,是一个从有为到无为的修炼过程。《大学》上讲的"大学之道,在明明德,在亲民,在止于至善",就是自古及今圣贤追求的一种觉悟的状态,觉悟的过程。彻底的、最完善的觉悟就是从自觉到觉他、从自明到服务社会、引导大众,最后安住于至善无善状态。要完成这个"学"的大目标,达到至善的大境界,《大学》为我们提出了一个学习或者修为的次第:格物、致知、诚意、正心、修身、齐家、治国、平天下。

"习"最初写作"習",是会意字。它的上部分是羽,与鸟的飞翔有关;下部分是白(甲骨文是"日",小篆是"白"),表示小鹰在阳光下练习飞翔。可见 "习"的本义是指小鹰反复地试飞。鸟儿练习飞翔包含了获得技能的意思,所以,"习"的本义就扩展出对知识、举止、整饬仪表和技能的学习、钻研、演练和操作。可见,这个"习",重在演习,实践,践行。孔子这句"学而时习之不亦说乎"讲的恰好是中国哲学最重要的命题,知行合一,你只有学了,你去做,你才是快乐的。

所以说,人生的意义就在于不断改造自我,而"学""习"则是不二法门。这个"学""习"包含向书本学习,向实践学习,更包含向他人学

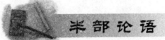

习,于是就有了第二句"有朋自远方来,不亦乐乎","朋"者,志同道合之人也;"远",不但是指空间上的远,还指时间上的远,寓知音难觅之意也。从孔子到董仲舒再到朱熹,上下千年,一脉相承,心印相传。我想,这也许是孔子最大的快乐。可是,在当时,孔子的治国理念、人生理想,却无法实现。因为"人不知"嘛,人家不了解、不理解,那怎么办?真正的君子就是要做到"不愠",所以我们的孔老师才会说:"不怨天,不尤人,下学而上达,知我者其天乎!"这话读起来,很达观,很洒脱,但细细品味,还有是有些孤独、悲凉的意味在里面。

第二讲:长养爱的能力

【原文】

1·2 有子曰:"其为人也孝弟,而好犯上者,鲜矣;不好犯上,而好作乱者,未之有也。君子务本,本立而道生。孝弟也者,其为仁之本与!"

【讲述】

有子,孔子的学生,姓有,名若,比孔子小33岁。在《论语》一书中,记载的孔子学生,一般都称字,只有曾参和有若称"子"。因此,许多人认为《论语》即由曾参和有若所著述。承接上文孔子的"三乎",有子说:孝敬父母,尊敬兄长,而喜好触犯上层统治者,这样的人是很少见的。不喜好触犯上层统治者,而喜好造反的人是没有的。君子专心致力于根本的事务,根本建立了,治国做人的原则也就有了。孝敬父母、尊敬兄长,这就是仁的根本啊!

在这里,我们先从"孝"和"弟"谈起——"孝",是对待父母应有的正确态度;"弟",同"悌",是对待兄长应有的正确态度。旧注说:善事父母曰孝,善事兄长曰弟。孝者,子承老也,代代相传;弟者,尊敬兄长,友爱同人。这样一纵一横,培养起我们最基本的爱别人的能力,构建起一个立体圆融的强大的正能量"场"。

"孝""弟"都是与"敬"连在一起的,这两个字的根本就在于由内而外的,潜滋暗长我们心灵深处爱的能量,让我们用一颗诚敬之心对待自己的父母、兄长,并把这种能量不断充实,扩大到对待自己的同学、同事、师长、上级……试想,一个人如果永远生活在感恩的世界里,生活在爱的世界里,这个人就获得了个人成长、学业进步、事业发展的不竭动力之源,这个强大的力量足可以让他笑看风雨,笑对人生了。

"孝",还包含了"养"的意思。我个人认为,孝养父母,也是有层次的,从低到高依次是:养其身,养其心,养其志。养其身,物质是基础,是第一位的,但如果仅有"养",而没有"敬",那就是孔子所批评的"至于犬马,皆能有养;不敬,何以别乎";第二个层级"养其心",就是要做到孝敬、孝顺,让父母放心、舒心、安心;再往上走是"养其志",我觉得,天下所有的父母都是望子成龙、望女成凤的,就是自己受再多的委屈,只要子女能成才、成器,父母也就知足了。承父母之志,让父母没有实现的人生理想在自己身上得以实现,这才是大孝。历史上用"孝"做谥号的帝王并不多,秦孝公就是其中之一。贾谊在他的《过秦论》中写道:"秦孝公据崤函之固,拥雍州之地,君臣固守以窥周室,有席卷天下,包举宇内,囊括四海之意,并吞八荒之心。当是时也,商君佐之,内立法度,务耕织,修守战之具,外连衡而斗诸侯。于是秦人拱手而取西河之外。"而在孝公继位之初,秦国远不是这个样子的,在他出生前,秦国经历了几代君位动荡,国力大为削弱。魏国趁秦国政局不稳之机夺取了河西地区。他的父亲秦献公继位后,割地,与魏国讲和,安

定边境，迁都栎阳，休养生息，并且数次东征，想要收复河西失地，无奈愿望没有实现便去世。这时年仅 21 岁的秦孝公嬴渠梁正式登基，他所面对的是一个没有任何生机、正在加速滑向坟墓的王国。但是嬴渠梁重用商鞅，修明法度，强力推进变法，在他近 20 年的苦心经营下，秦国奇迹般地崛起了。公元前 340 年，秦国率军攻打当时最为强大的魏国，取得了巨大成功，魏国被迫放弃大片土地甚至国都安邑而迁至开封。秦孝公终于把老爹"献"出去的国土又重新纳入版图，真称得上一个"孝"字了。

有若认为"孝弟"是"为仁"之本，这对于我们理解孔子以仁为核心的哲学、伦理思想是非常重要的。在春秋时代，周天子实行嫡长子继承制，其余庶子则分封为诸侯，诸侯以下也是如此。整个社会从天子、诸侯到大夫这样一种政治结构，其基础是封建的宗法血缘关系，而孝、悌说正反映了当时宗法制社会的道德要求。孝悌与社会的安定有直接关系。孔子正是看到了这一点，所以他的全部思想主张都是由此出发的。自春秋战国以后的历代封建统治者和文人，都继承了孔子的孝悌说，主张"以孝治天下"，汉代就是一个明显的例子。他们把道德教化作为实行封建统治的重要手段，把老百姓禁锢在纲常名教、伦理道德的桎梏之中，对民众的道德观念和道德行为产生了极大影响，也对整个中国传统文化产生了深刻影响。在某个历史时期，"孝弟"可以说是为封建统治和宗法家族制度服务的，对此应有清醒的认识和分析判别，我们应当以与时俱进的态度，抛弃其封建毒素，继承其合理的内容，将其纳入社会主义价值观的内核，并将这一传统美德发扬光大。

第三讲：张仪算不算大丈夫

在上一则中，有若提出了"孝弟也者，其为仁之本"的观点。这是《论语》第一次提出"仁"的概念。在这里，我们先不谈"仁"是什么，因为"仁者见仁，智者见智"嘛，不是三言两语可以说明白的。我们先不说"仁"是什么，我们先说仁者是个什么样子吧？要说仁者是个什么样子，就要先说清楚仁者不是个什么样子，那么我们就顺着往下看吧：

【原文】

1·3 子曰："巧言令色，鲜矣仁。"

【讲述】

孔子说："花言巧语，装出和颜悦色的样子，这种人是很少有仁德的吧。"朱熹是这样注解的：好其言，善其色，致饰于外，务以说人。这里"巧"和"令"都有好的意思，我们可以理解为装出和颜悦色的样子，说好话，以取悦他人。

这让我想到一个词——巧舌如簧。在战国时，有一个叫张仪的人，他刚完成学业，就去游说诸侯。他曾陪着楚相喝酒，席间楚相丢失了一块玉璧，门客们怀疑张仪，说："张仪贫穷，品行鄙劣，一定是他偷去了。"于是，大家一起把张仪拘捕起来，一番严刑拷问。张仪不承认，也没办法，只好放了他。他的妻子又悲又恨，说："你要是不读书游说，又怎么能受到这样的屈辱呢？"张仪对他的妻子说："你看看我的舌头还在不在？"他的妻子笑着说："舌头还在呀。"张仪说："这就够了。"

为什么张仪说"这就够了"？因为他对自己巧言令色的能力足够自信嘛。后来，他游说诸侯成功，风光时身佩六国相印。以至于后来与孟子同时代的景春都很崇拜他,景春对孟子说:"公孙衍、张仪岂不诚大丈夫哉? 一怒而诸侯惧,安居而天下息。"没想到,孟子对张仪之流却很不屑,孟子说:"是焉得为大丈夫乎? 子未学礼乎? 丈夫之冠也,父命之;女子之嫁也,母命之,往送之门,戒之曰:'往之女家,必敬必戒,无违夫子!'以顺为正者,妾妇之道也。"在孟子看来,张仪之流哪称得上是"大丈夫"呢? 简直就是"妾妇"嘛。孟子之所以不拿公孙衍、张仪之流当回事,听听他的牛话你大概就明白了,他说:"居天下之广居,立天下之正位,行天下之大道;得志,与民由之;不得志,独行其道。富贵不能淫,贫贱不能移,威武不能屈,此之谓大丈夫。"

孟子的这番话,正体现了儒家的价值取向,孔子的学问是"内向"的学问,是指向人的内在修养的,孟子是深谙此道的,他认为,真正的"大丈夫"就要做到"富贵不能淫,贫贱不能移,威武不能屈",他应当是充满着浩然之气的,用今天的话讲就是满满都是正能量。上一讲提出,儒家学说的核心是仁,仁的根本就是孝悌。这是从正面阐述什么是仁的问题。这一章,孔子讲仁的反面,即为花言巧语,工于辞令。儒家崇尚质朴,反对花言巧语;主张说话应谨慎小心,说到做到,先做后说,反对说话办事随心所欲,只说不做,停留在口头上,做表面文章。这表明,孔子和儒家注重人的实际行动,特别强调人应当言行一致,力戒空谈,心口不一。这种踏实态度和质朴精神长期影响着中国人,成为中华传统思想文化的精华。

那么,我们如何修炼成一个仁者,一个"大丈夫"呢? 且听下几讲分解。

第四讲:反省的力量

【原文】

1·4 曾子曰:"吾日三省吾身:为人谋而不忠乎?与朋友交而不信乎?传不习乎?"

【讲述】

曾子姓曾名参(音 shēn),字子舆,小孔子 46 岁,是孔子晚年的得意门生,孔子对他的评价是"参也鲁",可是孔子的学问最后还是靠这个人传下来的。就因为曾参同学非常重视仁德,提倡孝道,注重自省,身体力行,据说他作了《孝经》《大学》,后来他把学问传给孔子的孙子子思,子思作了《中庸》,而孟子正是子思的门人,可以说在孔孟之道的传承上曾子是承前启后,功不可没的。

曾子说:"我每天多次反省自己,为别人办事是不是尽心竭力了呢?同朋友交往是不是做到诚实可信了呢?老师传授的学业是不是实习了呢?"

如何做一个仁者?曾参的心路历程是——反省。不断地自我反省,自我校正。其纲目是:忠、信、习。先说"忠",旧注曰:尽己之谓忠,就是竭尽所能的意思。一心之谓忠,我们常讲忠诚,就是这个意思,我们对待学业,对待事业,只有做到一心一意、心无旁骛,才能一门深入,渐入佳境;再说"信",旧注曰:信者,诚也。诚实之谓信。我们与人交往,诚实守信是第一位的,这是做人之根基,孔子说"人而无信,不知其可也",可见信之重要;最后是"习",就是实习、实行、践行的意思。真正的学问是要我们不断地去实践,不断在改造自我、改造社会的道路上找寻生命的意义。这是曾子的心得,也是古往今来一切贤圣的心路历

程,儒家讲自省,道家讲心斋,佛家讲禅修,都是向内求的路子。

其实,佛教的教育是很高明的,佛教的造像也是一种教育,佛像是表义的,只是一般人不去用心体会罢了。我们一进寺庙,笑脸相迎的第一尊佛就是弥勒,笑口常开,"有朋自远方来,不亦乐乎"嘛。转身进的第一座大殿就是天王殿,四大天王,都是表修持的法门。

东方持国天王,持是保持,国是国家,他要表的义就是教我们如何能保持自己这一生,成就自己的道德、学问不败。如何能保持一家的幸福,如何保持事业的成功,如何保持社会的安定,如何保持国家的富强,如何保持世界的和平,都是持国天王里面所含的意思。那么我们如何去持呢?关键就在他手上拿的琵琶,琵琶代表中庸之道。琵琶的那个弦,松了不响,紧了断掉,一定要调得适中,音律才能和美。儒家讲中庸,佛法讲中道,处事待人接物,一定要做到恰到好处,不能过分也不能不及,都在琵琶上表现出来。

南方增长天王,增长就是进步,我们的德行要天天增长,智慧也要天天增长。儒家讲"苟日新、日日新、又日新",好好学习,天天向上,佛法里面讲"勇猛精进"。如何做到增长?增长天王手上拿的是宝剑,宝剑代表什么?智慧。慧剑断烦恼,就是"四弘誓愿"里的第一句——烦恼无边誓愿断,取这个意思。那断烦恼就有智慧了?光做到这点还不够。

西方天王跟北方天王,就教给我们另外两个很重要的方法。西方天王叫广目。广目是什么意思?就是要我们多看。多看看别人的,吸取别人的经验长处,改正自己的缺点不足,就是孔子讲的——择其善者而从之,其不善者而改之。要有智慧看看这个社会,社会变化可以说是日新月异,人情的变化、事理的变化可谓是变化莫测。所以,广目天王手上拿的道具,是龙或者是蛇,龙、蛇代表多变。他这个手拿着一条龙,另一只手拿个珠子。珠子是什么?变化里头要握住不变,在变化当中,掌握到不变的原则、道理。北方天王叫多闻天王,很明显的,要多听。没有叫我们多说的,没有多嘴天王。我们要成就智慧,要达到上面所讲的目标,多看、多听。北方天王手上拿的是伞,伞是什么用处?防止污染。我们的心本来是清净的,可是会被外尘所沾染,所谓"人之初,性本善,性相近,习相远",这个"习"就是习染的意思。如果才能够保持内心的清净,就是要用好这把伞,在多看、多听的过程中把一些不好的东西屏蔽掉。

让我们再回到曾参的"反省内求"上来,《论语》一书中多次谈到自省的问题,要求孔门弟子自觉地反省自己,进行自我批评,加强个人思想修养和道德修养,改正个人言行举止上的种种错误。这种自省的道德修养方式在今天仍有值得借鉴的地方。

让我们一起看下一则:

【原文】

1·5 子曰:"道千乘之国,敬事而信,节用而爱人,使民以时。"

【讲述】

孔子说:"治理一个拥有一千辆兵车的国家,就要严谨认真地办理国家大事而又恪守信用,诚实无欺,节约财政开支而又爱护下属,役使百姓要不误农时"。孔子在本章中所说的话,主要是对国家的执政者而言的,是关于治理国家的基本原则。他讲了三个方面的问题,即要求统治者严肃认真地办理国家各方面事务,恪守信用;节约用度,爱护属下;役使百姓应注意不误农时等。这是治国安邦的要义所在。

应当说,曾子的"三省吾身"是体,孔子的"道千乘之国"是用,这才是真正的学以致用,知行合一。那么,反省的力量到底何在呢?我想,就在于长养我们内心诚敬的力量,长养我们内心爱的力量,而这种力

量最终会成为我们服务民众、服务社会的强大动力之源。

第五讲:不得不说的《弟子规》

【原文】

1·6 子曰:"弟子,入则孝,出则悌,谨而信,泛爱众而亲仁。行有余力,则以学文。"

【讲述】

在这一段中,孔子对弟子们说:"大家在家要孝敬父母,出门在外要尊敬师长,言行要谨慎,要诚实可信,要广泛地去爱众人,亲近那些有仁德的人。这样躬行实践之后,还有余力的话,就要去学习文献知识了。"

到了清代康熙年间,秀才李毓秀就以这一句为纲目,详细列述了弟子在家、出外、待人、接物与学习上应当恪守的守则规范,经过当朝的大力推广普及,最终成为家喻户晓的儿童训蒙教材——《弟子规》。一直以来,我对《弟子规》都持审慎的态度,在选择传统文化教材时,我首推"四书",而没有选择《弟子规》。其中主要的原因是:儒学源远流长,从孔子到董仲舒到朱熹再到王阳明,其精神要义一定是相去甚远了。在孔子那里,我们感受到的是这个民族初创阶段的青春与朝气,而明清儒学则渐渐走向腐朽与没落。

我们回过头来再读读孔子的这段话,译成白话,很像一个老夫子和孩子们拉家常,很亲切,他唠叨着——孩子们在家要怎么样,在外要怎么样……而到了《弟子规》则是一"勿"到底了——"父母呼,应勿缓;父母命,行勿懒;父母教,须敬听;父母责,须顺承",我们先不说这种训诫式的语气该多么招孩子们反感,单就这些"规"的内容来看,很多也是值得推敲的。"亲所好,力为具,亲所恶,谨为去。"这种以父母的好恶来决定自己人生志向的做法,不是与培养"独立之人格,自由之精神"的现代教育精神背道而驰吗?"彼说长,此说短,不关己,莫闲管",这种"事不关己,高高挂起"的处事态度,和孔子的"见义不为,无勇也"是不是相去甚远?只要我们静下心来,叩问我们的内心——我们为人父为人母为人师,到底希望看到一个什么样的孩子?是听话的,顺从的,乖巧的,市侩的?还是有主见的,有原则的,有担当的,有正义感和责任感的孩子呢?这样的取舍也就在情理之中了。

那《弟子规》为什么就把"要怎么样"变成了"不要这样""不要那样"呢?因为它是"圣人训"嘛。加上当朝统治者的意图,出发点就变成了在家做个听话的好孩子,在社会上做个听话的好百姓。因为只有这样"天朝上国"才会国泰民安,天下无事嘛。我们再来读下面一则,看看我们的孔夫子是怎样教育学生。

【原文】

1·15 子贡曰:"贫而无谄,富而无骄,何如?"子曰:"可也。未若贫而乐,富而好礼者也。"子贡曰:"《诗》云,'如切如磋,如琢如磨',其斯之谓与?"子曰:"赐也!始可与言《诗》已矣,告诸往而知来者。"

【讲述】

这个课堂教学片段很有意思,子贡同学是孔子学生中的富豪,司马迁在《史记.货殖列传》中给子贡做过传记的,"货殖"就是做生意将本求利的意思。子贡原本也是穷孩子,可是他有学识,脑子活,既有商业头脑又有外交才干,所以后来他发达了。这时,子贡同学向老师汇报自己的心得,他说:"老师啊,你说一个人贫穷而能不谄媚,富有而能不骄横,怎么样啊?"我想,子贡说这话时虽然谦恭,但也会有些得意——财大了,气难免粗嘛。而这时的孔老师还在靠同学们的那几条干肉过生活呢。你想,孔子怎么说?他说:算了吧,这还差得远呢。然后把子贡教训一通,做人要怎样怎样。要果真这样,那就不是我们可敬可爱的夫子了。孔子怎么说的?他说:"好啊,但是,还不如贫穷却乐于道,富裕而又好礼之人啊。"这一转,很巧妙,既肯定了子贡的"贫而无谄,富而无骄",又在这样的基础上再升华一下,达到"贫而乐,富而好礼"的人生境界上来。

对比一下,我们就不难发现,前者是被动的,而后者是主动的,前者是消极的,后者是积极的。贫穷却乐道,富贵而好礼,这是怎样的修为?一般人穷了就要怨天尤人,富了就会趾高气扬,甚至作奸犯科,以身试法。如果说一个人安贫乐道不易,那富而好礼就更难了。作为一个富贵的人,一个成功人士,他应当担负起更多的社会责任,这也就是所说的名人效应。可是人一旦富贵了,不忘初心的有几人?

这时,子贡同学领悟得很快,他马上说:"《诗》上说,'如切如磋,如琢如磨'就是这个意思啊!"这时孔子亲切地叫着子贡的字说:"赐呀,你能从我已经讲过的话中领会到我还没有说到的意思,举一反三,我可以同你谈论《诗》了。"在这段对话中我们可以看出,子贡能独立思考、举一反三,因而得到孔子的赞扬,这是孔子教育思想中的一个显著特点。古往今来一切圣贤都这样教人的——首在唤醒,任何成长都源于自我意识的觉醒。我想,一切成功的老师都是在引导学生一步一步地由他律走向自律,由消极走向积极,由被动走向主动的过程中,谱写伟大的教育史诗的。

第六讲：好学的三个人

【原文】

1·7 子夏曰："贤贤易色，事父母能竭其力，事君能致其身，与朋友交言而有信。虽曰未学，吾必谓之学矣。"

【讲述】

子夏，姓卜，名商，字子夏，孔子的学生，比孔子小44岁，孔子死后，他在魏国宣传孔子的思想主张，在当时有很大的社会影响。子夏说："一个人能够看到贤德之人肃然起敬；侍奉父母，能够竭尽全力；对待君长，能够设身处地；同朋友交往，说话诚实恪守信用。这样的人，尽管他自己说没有学习过，我一定说他已经学习过了。"

上一章有"行有余力，则以学文"一句，本章中子夏所说的这段话，实际是对上章的进一步发挥。子夏认为，一个人有没有学问，他的学问的好坏，主要不是看他的文化知识，而是要看他能不能实行"孝""忠""信"等伦理道德。只要做到了后面几点，即使他说自己没有学习过，但子夏认为他已经是有道德修养的人了。所以，将这一章与前一章联系起来，就更可以看到孔门教育重在德行的基本特点了。

在《论语》中，提到的"好学"的人有三个。一个是孔文子。子贡问曰："孔文子何以谓之'文'也？"子曰："敏而好学，不耻下问，是以谓之'文'也。"孔文子，姓孔名圉，是卫国的大夫。"文"是他的谥号。什么是谥号？简单一句话，就是一个人死后的定论。这是一件很慎重的事，只有中国传统文化才有的，连皇帝都逃不过谥法的褒贬。像汉朝的文帝、武帝，称谓"文""武"，都是谥法给他们的谥号。"哀帝"就惨了，汉朝最后那个帝为"献"帝，也含有把江山献给别人的意思。在中国历史上，能够用"文"作谥号的可谓是凤毛麟角，像宋代的欧阳修，谥号"文忠"，范仲淹谥号"文正"，清代名臣曾国藩，后人称他"曾文正公"，"文正"两字是他的谥号。子贡同学问，"孔文子凭什么谥号为'文'呢"，孔子认为他"敏而好学，不耻下问"，所以用"文"作他的谥号。可见，"敏"是先天资质，而"不耻下问"则是后天的学习态度，一种谦敬的意味在其中，而这正是"好学"的前提和基础。

第二个好学的人是颜回。季康子问孔子："您的弟子中谁好学？"孔子回答："有一个叫颜回的好学，却不幸短命死了！现在就没有了。"我们的夫子也真是实在，赞扬一个人，得罪一大片。也不是孔老师吝啬，像"好学""仁"这样的评价在他看来实在是太高了，也只有颜回同学当得起。我们知道孔子一生桃李满天下，门人三千，贤者七十二，为何独有颜回受此称赞？用孔子对他的评价，就是六个字——"不迁怒，不贰过"。这也没什么了不起啊！但是细想，做到这六个字的人还真不多。人都有两个口袋，一个在前，装自己的优点，一个在后，装自己的缺点，所以老子才感慨"自知者明""人贵有自知之明"，可见自知之明太可贵了，正因为没有自知之明，所有人才会怨天尤人，迁怒于人，重复犯错。只有颜回"反求诸己"，所以才不会犯两次同样的错误，这正是"好学"的精神要义——就是在于不断地自我反省，不断地自我修正，从而使自己走向更加敞亮的人生境界。

最后一个"好学"的正是孔子本人。叶公向子路打听孔子的为人，子路不回答。回来后如实告诉了老师，孔老师说："你为什么不说'其为人也，发愤忘食，乐以忘忧，不知老之将至云尔'？"我们读《论语》，会读出一个和善、谦恭、礼让的孔子，也会读出一个真实、真诚、真性情的孔子。孔子在"好学"的问题上从来不谦虚，他说"十室之邑，必有忠信如丘者焉，不如丘之好学也。"他"十又五而志于学"，一生"学而不厌"，早年的孔子学鼓琴于师襄子，精益求精，连师襄子都辟席再拜，深受启发。晚年的孔子喜《易》，韦编三绝，以致"乐以忘忧，不知老之将至"。应当说，"好学"二字孔子是当之无愧的。

那到底怎样才算"好学"呢？我们继续往下读——

【原文】

1·8 子曰："君子不重则不威，学则不固，主忠信，无友不如己者。过则勿惮改。"

【讲述】

孔子说："君子，不庄重就没有威严，学问就不会稳固；以忠信待人，就没有不如自己的朋友；有了过错，就不要怕改正。"

这段话对今天的青少年学生尤为受用，现代人缺乏的不是聪明，而是诚敬，而这个"重"字正是对治当下"慵懒散浮"的良药。第一句"不重则不威，学则不固"，是对待自己要自重。第二句"主忠信，无友不如己者"，是讲对他人要尊重。有人译为"不要和不如自己的人交朋友"，这样译文是经不起推敲的，这不是教孩子势利眼吗？再说，你还没有交，怎么知道人家不如你呢？对待交友，孔子的态度很明朗——"三人行，必有我师焉；择其善者而从之，其不善者而改之"，这是"无友不如己者"的另一种说法。这个"无"是没有的意思，而不是同"勿"，后文还有"勿意，勿必，勿固，勿我"，如果当"不要"讲，直接用"勿"就可以了。最后一句"过则勿惮改"，就是讲对待错误和过失的正确态度，可以说，这一思想闪烁着真理光辉，反映出孔子理想中的完美品德。这三句，为我们塑造了一个具有理想人格的君子形象，他从外表上给人以庄重大方、威严深沉的形象，使人感到稳重可靠，可以付之重托。他重视学习，不自我封闭，善于结交朋友，而且有错必改。这样的人，才真正称得起"好学"。再看下一则——

【原文】

1·14 子曰:"君子食无求饱,居无求安,敏于事而慎于言,就有道而正焉,可谓好学也已。"

【讲述】

孔子说:"君子,饮食不求饱足,居住不要求舒适,做事要勤劳敏捷,说话要小心谨慎,多亲近有道之人匡正自己,这样可以说是好学了。"孔子认为,一个有道德的人,不应当过多地讲究自己的饮食与居处,他在工作方面应当勤劳敏捷,谨慎小心,而且能经常检讨自己,孝亲尊师,见贤思齐,不断匡正自己,这才是真正的"好学"。作为君子应该克制追求物质享受的欲望,把注意力放在塑造自己的道德品质方面,这对生活在今天的我们来说是很有警省意味的。

最近,听到一首歌,是这样唱的:每天站在高楼上,看着地上的小蚂蚁,它们的头很大,它们的腿很细。它们拿着苹果手机,它们穿着耐克阿迪,上班就要迟到了,它们很着急……我那可怜的吉普车,很久没爬山也没过河,它在这个城市里,过得很压抑。慌慌张张,匆匆忙忙,为何生活总是这样?

这首歌唱的正是现代年轻人的生存状态,这些"蚁族"的出现不能不说是当代中国教育最大的悲哀。虽然理想、信念这些东西,在今天的年轻人看来全是扯淡。可是,他们这样的生存状态就幸福吗?不见得,我们看到的只是沮丧、颓废和对前途的极度失望。

所以,今天的青少年学生一定要好好读《论语》,好好学孔子。我认为孔子的教育有三个层面,第一个层面是人格教育,就是关于人性的教育,为什么我们读《论语》会常读常新?就因为社会是变化的,而人性是不变的,这就是今天孔学在世界各地再度兴起的原因,因为我们在这个一日千里的时代,需要再次静下心,关注一下我们本性与良知。第二个层面是人才教育,就是关于人的素质的全面发展,孔子以"六艺"——礼、乐、射、御、书、数来创办了中国第一所民间学校,对学生进行最早的素质教育,可以说是开一代先河的。第三个层面是人文教育。孔子教学的内容包括《诗经》《尚书》《礼记》《易经》和《春秋》,据说还有《乐经》,可见孔子的非常关注人的心灵的教育,除了社会政治、经济学之外,还要有诗的精神、乐的精神,让人主动、生动地成长,做一个内心快乐而充实的君子。

第七讲:给夫子画个像

【原文】

1·10 子禽问于子贡曰:"夫子至于是邦也,必闻其政,求之与?抑与之与?"子贡曰:"夫子温、良、恭、俭、让以得之。夫子之求之也,其诸异乎人之求之与?"

【讲述】

这个对话片段细细品味起来,蛮有意思的。对话的两位一位叫子禽,姓陈名亢,字子禽。郑玄所注《论语》说他是孔子的学生,但《史记·仲尼弟子列传》未载此人,故一说子禽非孔子学生。另一位是子贡,姓端木名赐,字子贡,比孔子小 31 岁,孔子对他的评价是"赐也达",据《史记》记载,子贡在卫国做了商人,家财万贯,富甲一方。

这一天,子禽看看四下没人,就拉着子贡的袖子到一个角落,低声对子贡说:"子贡啊,你说咱们老师到了一个国家,总打听这,打听那,你说他是想从政啊,还是想议政啊?"子贡答得很妙,他说:"我们的老师啊,温、良、恭、俭、让以得之。他不是你们想的那样,对于一件事,把

人家推开,自己来干。他是先让给别人,实在推不开了,他才会出来做的。假如你认为我们的老师是想做官,那他求的方法,或许与别人的求法不同吧?"

这一则通过子禽与子贡两人的对话,把孔子为人处世的品格勾画出来了。孔子之所以受到各国统治者的礼遇和器重,就在于孔子具备温和、善良、恭敬、俭朴、谦让的道德品格。在后面《八佾》篇里还有一则这样记录:仪封人请见,曰:"君子之至于斯也,吾未尝不得见也。"从者见之。出曰:"二三子何患于丧乎?天下之无道也久矣,天将以夫子为木铎。"这位仪封人,是个见多识广的人。他说,凡是有德行的君子经过我们这里,我都要见上一见的,请引见一下你们的夫子吧。一会儿,他就出来了,对孔子的弟子们说:同学们啊,你们忧愁什么啊?天下无道已经很久了,上天就要以你们的夫子为木铎了——木铎,木舌的铜铃,古代发布政令时,常摇动木铎来召集百姓。也就是说,孔子是有天命的人,传承文明,教化众生的使命就落在你们这群人身上了。就这么一会儿工夫,这位善望气的仪封人就对孔子佩服得五体投地了。

我们的夫子怎么会有这样强大的气场呢?就在这五个字上——温、良、恭、俭、让。"温"是和"和"联在一起的,就是绝对的温和、平和;"恭"是和"敬"联在一起的,就是绝对的恭敬、严肃;"俭"是和"朴"联在一起的,就是绝对的俭朴、朴实;"让"是和"谦"联在一起的,就是绝对的谦让、礼让。"文质彬彬,然后君子",这是由内而外散发出的强大气场,可以感染人,可以同化人。《述而》篇中这样描绘孔子:子温而厉,威而不猛,恭而安。可以说,这是在道德修养到了极处时,而形成的一种庄重、祥和、崇高之美,而这种气质的养成,根源于诗、书、礼、乐的长期习染,这也正是孔子教育的根本目的之所在,就在于培养内在道德与外在修养高度统一的君子。

如果我们给孔子画个像,那他的身材应当像泰山,巍巍挺拔;眼睛应当像大海,深不可测;神情应当像太阳,温暖明亮。据有关记载说,孔子长得宽额、狮鼻、阔口,大颅顶部微陷。身长九尺六寸,相当于今天的一米九以上,可谓标准的山东大汉。记载还说,孔子的智慧,超过周朝的苌弘——一位通晓天文、地理、人事的士大夫。孔子的胆气,压倒当时著名的勇士孟贲。孔子挪步轻追,可足踩亡命窜逃中的野兔。孔子力擎双臂,能托起城关落下的城门。然而,尽管孔子勇力过人,技艺超群,却深藏不露。他只是一心内修仁德,外宣先王仁道,终成一代素王,万世师表。

孔子所处的时代,人口只有几百万人,跟从孔子学习的弟子,却有三千之多,他们都是各国来的精英人物。以孔子本身的智慧与人格魅力,加上众弟子的辅佐,在当时,如想谋取一国权位,是不难做到的。然而,孔子深知,社会的安定,大众的幸福,如果没有纯正的道德思想作基础,仅靠权谋势力的支撑,是不会长久的。而且,在这种状况下的安定与幸福,也是不稳固的。所以,夫子宁可自己一生穷苦受累,寂寞凄凉,被人误解不识时务,也要担当起传承优秀传统文化、优秀道德智慧的重任,为万世开太平,奠定良好的文化基础。孔子这种不计个人得失,始终注重世人的德性培养,注重社会纯正思想的引导,从根本上拯救世道人心的行径,就是在当时,也是很少有人理解的。甚至,一些个人道德修养较高的隐士,对此也颇有微词。然而,孔子这种"知其不可为而为之"的执着精神却感染着一代又一代仁人志士为人生崇高理想而自强不息,奋斗不止。

第八讲:和为贵

【原文】

1·12 有子曰:"礼之用,和为贵。先王之道,斯为美;小大由之。有所不行,知和而和,不以礼节之,亦不可行也。"

【讲述】

还记得 2008 年北京奥运会开幕式以一幅气势恢宏的文化画卷,向世人展现了从传统向现代发展中的中国新面貌。"礼之用,和为贵",穿越历史的缶声、刚柔相济的太极、灿烂绽放的笑脸在变幻流动的光影中,向世界展现了中华"和"文化的魅力。当时,共有 5 句《论语》中的句子入选此次奥运的迎宾语,其中就有有子的这一句。有子说:"礼的应用,以和谐为贵。先王们的治国方法,可宝贵的地方就在这里。但不论大事小事只顾按和谐的办法去做,有的时候就行不通。(这是因为)为和谐而和谐,不以礼来节制和谐,也是不可行的。"

在春秋时代,"礼"泛指奴隶社会的典章制度和道德规范。孔子的"礼",既指"周礼",礼节、仪式,也指人们的道德规范,后来引申至一切外在的礼法、规章、制度,包括我们后世所讲的法治等,都可以纳入"礼"的范畴。孔子一生奔走呼告的正是这个"礼"。孔子生活在春秋,这是一个"礼崩乐坏"的时代,周王朝已是日落西山,周天子的号召力也已远非昔比。第一个称霸的齐桓公就是利用了"尊王攘夷"的策略来实现自己的政治野心的。可见,当时的"王"已经不怎么被人们"尊"了。所以,孔子号召大家要"克己复礼",要重新收拾已经膨胀了的野心,从根本上改变"臣弑君,子弑父"的社会乱象,用"周礼"来规范社会秩序,让政治重新走向正规。可惜,当时的各个诸侯国都在忙着搞军事扩张，疯抢地盘，老子拳头大，有枪便是草头王，基本上没有哪个当权者理会孔子的这一套。所以，周游列国，历尽14年的风雨漂泊，夫子自嘲"累累若丧家之犬"，最终也只能认命——"丘之不济，命也夫！"

这一则中的"和"是儒家特别倡导的伦理、政治和社会原则。《礼记·中庸》写道："喜怒哀乐之未发谓之中，发而皆中节谓之和。"杨遇夫《论语疏证》写道："事之中节者皆谓之和，不独喜怒哀乐之发一事也。和今言适合，言恰当，言恰到好处。"孔门认为，礼的推行和应用要以和谐为贵。但是，凡事都要讲和谐，或者为和谐而和谐，不受礼法的约束也是行不通的。有子在本章提出的这个观点是有一定的现实意义的，我们既强调礼的运用要以和为贵，又不能为和而和，要以礼节制之，可见孔门提倡的和并不是无原则的调和，更不是做人和事佬，做事和稀泥。

接下来，有子继续谈"礼"：

【原文】

1·13 有子曰："信近于义，言可复也。恭近于礼，远耻辱也。因不失其亲，亦可宗也。"

【讲述】

有子说："讲信用要符合于义，（符合于义的）话才能实行；恭敬要符合于礼，这样才能远离耻辱；所依靠的都是可靠的人，也就值得尊敬了。"

有子的这段话，表明他对"信"和"恭"是十分看重的。但是"信"和"恭"都要以"礼"为标准，不符合于"礼"的话绝对不能讲，讲了就不是"信"的态度；不符合于"礼"的事绝不能做，做了就不是"恭"的态度。这是讲为人处世的基本态度。

应当说,这一则是上一则的引申和发挥。"礼之用,和为贵"就在于用礼、乐的精神来实现政治的有序,社会的和谐。作为一个人,礼乐是致和的良药,"礼以居敬,乐以导和",富而好礼,贫而乐道,外在的庄重与内在的丰盈相和谐,定会呈现宁静、祥和的君子之风。对于一个社会,礼乐的精神更能促进和谐,让人们在一定的规则框架内运行,有章可循,有法可依,在这样的基础上,再以文化之,以乐导之,使民风趋向淳厚,政治走向清明。

为政篇

《为政》篇包括 24 则。初看似乎不是在讲为政,而是在讲孝悌,讲君子,讲信用,其实,整篇内容都是围绕"为政以德"这个主题而展开的。本篇主要内容涉及孔子的为政思想、从政的基本原则、学习与思考的关系、孔子本人学习和修养的过程、温故而知新的学习方法,以及对孝、悌等道德范畴的进一步阐述。

第九讲:垂拱而治

【原文】

2·1 子曰:"为政以德,譬如北辰,居其所而众星共之。"

【讲述】

孔子说:"以道德教化来治理政事,就会像北极星那样,自己居于一定的方位,而群星都会环绕在它的周围。"

此篇承接上篇《学而》,取篇首二字"为政",看似随意,实则有意——"学而"为体,"为政"是用,学以致用,这正是儒家培养人的高明之处,"大学之道,在明明德,在亲民,在止于至善。"如何达到至善的人生境界?学习是放在第一位的,学习的功用就有于"明明德",彰显人性中最美好的一面,接下来呢?就要为政,在服务民众的过程中追寻人生价值的实现。所以,儒家没有关起门来的圣人,这一思想后来影响到佛教,佛教传入中土之后,就把"孝养父母,奉事师长,慈心不杀"作为"净业三宝",将普度众生作为修行的不二法门,佛家讲"欲为诸佛龙象,先做众生马牛",也就是服务民众的意思。

再回到这段话上来,《论语》可以说是微言大义的,因为它没有对话的对象,没有讲话的背景,没有前后文,所以就会"仁者见仁,智者见智"。这段话到底是孔子对谁讲的?在什么情况下讲的?都不得而知。所以,我们也只能望文生义了。"为政以德",就是强调道德对政治生活的决定作用,主张以道德教化为治国的原则,表明儒家治国的基本原则是以德治国,而非严刑峻法。

我们讲的垂拱而治,就是出自儒家的经典《尚书》——"惇信明义,崇德报功,垂拱而天下治。"垂拱就是垂衣拱手,什么也不要做,这与老子无为而治的思想如出一辙。为什么这样讲?因为老子认为"我无为而民自化,我好静而民自正,我无事而民自富,我无欲而民自朴。"在上位者只要做到无为、好静、无事、无欲,也就是要做好"北辰",而百姓自然就会自化、自正、自富、自朴,从而实现"众星共之"。当然,现实政治并不是这样绝对的。但是,无限制地刺激百姓的欲求,过度地调用民力,民风就不再纯朴,民风不纯朴,各种社会乱象就会随之而来,于是各种法令条文、严刑峻法也就接踵而至,各种社会矛盾便急速加剧,最终就会打破和谐,分崩离析。

孔子最推崇的政治就是尧舜禹时代,所谓"大道之行,天下为公"。《史记》记载尧帝"其仁如天,其知如神,就之如日,望之如云。"接近他如太阳一般,远望他如云霞一样灿烂。他富有而不骄横,高贵而不傲慢。古书说他"茅茨不剪,采椽不斫,粝粢之食,藜藿之羹,冬日裘,夏日葛衣",也就是说,他住的是用没有修剪过的茅草芦苇、没有刨光过的椽子盖起来的简陋房子,吃的是粗粮,喝的是野菜汤,冬天披块鹿皮,夏天穿件粗麻衣。所以,他可以做天下人的表率。后来,他把位子传给舜。他为什么会看中舜呢?相传舜的父亲瞽叟和他的继母、异母弟象,多次想害死他:让舜修补谷仓仓顶时,从谷仓下纵火,舜手持两个斗笠跳下逃脱;让舜掘井时,瞽叟与象却下土填井,舜掘地道逃脱。事后舜毫不嫉恨,仍对父亲恭顺,对弟弟慈爱。他的孝行感动了天帝。传说中说舜在历山耕种,大象替他耕地,百鸟代他锄草。帝尧听说舜非常孝顺,有处理政事的才干,把两个女儿娥皇和女英嫁给他;经过多年观察和考验,最终选定舜做他的继承人。舜登天子位后,去看望父亲,仍然恭恭敬敬,并封象为诸侯。这可以说是"为政以德"了。

接下来,我们看下一则:

【原文】

2·2 子曰:"《诗》三百,一言以蔽之,曰:'思无邪'。"

【讲述】

孔子说:"《诗经》三百篇,可以用一句话来概括它,就是'思想纯正'。"

刚才孔老师还在讲为政,这一会儿就跳到《诗经》上来了,所以近代有很多学者认为《论语》编得不严谨,东一句,西一句,没有章法,于是就要推倒了重编,按什么为学、为政、德行来重新分类,并命之为什么"新论语"。我粗略地翻了翻,不觉好笑。我想,也就是现代人有这样的自信。我们先不说《论语》的"东方《圣经》"地位,单就从文章学的角度来讲,也是非常严谨,非常精密的,如《学而》开篇明义——"学而时习之,不亦说乎?有朋自远方来,不亦乐乎?人不知而不愠,不亦君子乎?"朱熹直说是"入道之门,积德之基"。全篇以"三乎"发端,气势一贯而下,至篇末以"不患人之不己知,患不知人也"收束,首尾呼应,一气呵成,字字珠玑,朗朗上口。就说此篇,之所以拎出"为政"二字为题

目，就在于全篇皆围绕此二字展开，《诗经》重在以文化之，《孝经》重在以德化之，这不都是"政者，正也"的要义之所在吗？为什么讲《诗经》，就在"思无邪"，就在诗教可以洗涤人的心灵，中和人的感情，提高人的精神层次，从而达到移风易俗，淳厚民风的政治功效。所以下文讲：

【原文】

2·3 子曰："道之以政，齐之以刑，民免而无耻；道之以德，齐之以礼，有耻且格。"

【讲述】

孔子说："用法制禁令去引导百姓，使用刑法来约束他们，老百姓只是求得免于犯罪受惩，却失去了廉耻之心；用道德教化引导百姓，使用礼教来整顿他们，百姓不仅会有羞耻之心，而且也就守规矩了。"

这一则孔子举出两种截然不同的治国方针。孔子认为，刑罚只能使人避免犯罪，不能使人懂得犯罪可耻的道理，而道德教化比刑罚要高明得多，既能使百姓守规蹈矩，又能使百姓有知耻之心。这反映了道德在治理国家时有不同于法制的特点。这就是中国政治的特点，政教合一。所以《尚书》上讲"天降下民，作之君，作之师"，就是说作为一个领导者，既要作君，更要作师。要担负起为人师表，教化民众的重任。清代名臣曾国藩认为做督与为师是一样的，不外乎"取人为善，与人为善"，用自己的诚敬之心待人、处事，影响与感化众人，从而形成合力，则天下无不济之事。所以说，为政者首要是"居其所"，立于正位，修身正己，然后用德行感化民众，用礼乐教化民众，最终达到"谋闭而不兴，盗窃乱贼而不作，故外户而不闭，是谓大同"。

第十讲：我这一辈子

【原文】

2·4 子曰："吾十有五而志于学，三十而立，四十而不惑，五十而知天命，六十而耳顺，七十而从心所欲不逾矩。"

【讲述】

这段话应当是孔子晚年对自己一生的回顾。孔子说："我十五岁立志于学习；三十岁能够自立；四十岁能不被外物所迷惑；五十岁懂得了天命；六十岁能顺应天命；七十岁能随心所欲而不越出规矩。"

即便伟大如孔子者，也无法跳出生老病死的自然律，所以他感叹："逝者如斯夫，不舍昼夜！""未觉池塘春草梦，阶前梧叶已秋声"，在时间的流里，我们感怀着岁月匆匆，追忆着逝水年华。真正行走的人生确如这东去的流水，走过岁月，走过四季。有时我想，人生，除了行走，还有回望。人生，就是阶段性的调整。当我们一路走来，无愧于心的有几人？心安理得的又有几人？晚年的孔子在经历了人生的风风雨雨、悲欢离合之后，用一种"归去，也无风雨也无晴"的淡定与从容，回望来路。

他梳理着自己一生奋斗的踪迹：幼年丧父，少年失母，个中辛酸，不足为外人道也。管过仓库，放过牛羊，多能鄙事，既是自信，也是自嘲。一路走来，不忘初心——"吾十有五而志于学"，一生的成就源于少年的立志，五十岁的"知天命"，源于十五岁的"志于学"。为什么是十五岁，而不是七岁，十岁呢？因为在孔子生活的时代，像他这样的孩子只能接受官府的教育到十五岁，古代的乡村教育是利用每年秋收之后，请乡里有学问的人或者退下来的官员给孩子们进行一些基本文化常识和技艺的教育。这并非个人之志,而是父母之命,朝廷之命。这类似于我们今天的九年制义务教育,是每个公民必须享受的权利也是必须履行的义务——没的选的。可是十五岁之后,大约今天初中毕业的孩子,就要认真地想想——你想成为什么人,这一生该往何处去了?孔子的回答是:"志于学"。学什么?"志于道,据于德,依于仁,游于艺",也是说使自己的人生步入一个正当的、正确的轨道上来,在上学下达的人生实践中至于至善。这一初心,孔子是坚守了一生的,即使到晚年,他还手不释卷,读《易》韦编三绝,自叹"发愤忘食,乐以忘忧,不知老之将至云尔"。

何谓"三十而立"?为什么不是二十而立?我个人以为,这里的"立",不仅仅是成家立业的意思。从十五岁志于学,孔子遍访名师,演习礼乐,到二十岁就在社会上拥有了相当的美誉度。这一年,他喜得贵子,鲁昭公送鲤鱼以示庆贺,孔子一高兴,干脆给儿子取名鲤,字伯鱼。但如果这样来看待孔子的"立"的话,那这个"立"格调就低了很多。难道只要有房子、有车子、有票子、有位子才叫"立"吗?孔子一生都在讲"君子食无求饱,居无求安",他五六十岁了还四处漂泊,到处碰壁,"累累若丧家之犬"。我觉得这个"立",是人为处事的根本,在很大程度就是今天我们所讲的"立场",也就是为人处事的大原则,有了这个原则,人就不会迷惑,就不会恐慌,就不会患得患失,就不会人云亦云,就不会随波逐流,就不会茫然不知所措。

"四十不惑",不惑什么?我们常说,我到"不惑之年"了,人到四十才明白,是真的明白吗?是什么事都明白了吗?郑板桥讲"聪明难,糊涂难,由聪明转入糊涂更难",也算是无奈的人生感慨吧。我觉得这里的"不惑"并不是活明白了,变聪明了,理事无碍,事事无碍,一通百通了。要是果真如此?为什么还要"活到老,学到老"呢?所以我觉得,这個“不惑”，不在事理，而在情感，不是理性的，而是感性的，是對前面“三十而立”的承接，十五歲的志向，三十歲的立場，在“志于學”的路上，還會有起伏，還會有動搖，還會有疑惑——為什麼我要做君子？為什麼我要做得這樣辛苦？面對著世俗的紛紛擾擾，年輕的心還會悸動。俯看芸芸眾生，有的人辛苦輾轉地生活著，有的人辛苦麻木地生活著，有的人辛苦恣睢地生活著。有的人稀里糊塗地過了一輩子，都沒弄明白自己為何而生，為何而活？這才是真正的“惑”。老子講：知人者智，自知者明；勝人者有力，自勝者強。人生的修為無不是自我意義的覺醒，“我欲仁，斯仁至矣”，行仁的前提是我想做個有仁德的人，這就是自我意識的覺醒。知道自己想要什麼的人是聰明的，知道自己正在做什麼的人是明智的，可是，有的人眼下所做的和心中所要的要麼南轅北轍，要麼緣木求魚，你想，這不是很糊塗的事嗎？一個人只有真正做到“定乎內外之分，辨乎榮辱之境”，才能夠做到“舉世而譽之而不加勸，舉世而非之而不加沮”，也就做到了“四十而不惑”。

“五十而知天命”，什麼是“天命”？也就是上天之命。人這輩子，一出生就是一個生命，人活著就有性命，可是很少有人覺悟到自己的使命，背負起自己的使命，去完成自己的使命。孔子就是這少數中的少數，精英中的精英。孔子在五十一歲時，出任魯國中都宰（今汶上西地方官）。由於為政有方，“一年，四方皆則之”。三年後，由中都宰提升為魯國司空、大司寇，攝行相事。為了實現德治理想，他提出“墮三都”、抑三桓（魯三家大夫）的主張，結果遭到三家大夫的反對，未能成功。魯國君臣接受了齊國所贈的良馬美女，終日迷戀聲色，孔子大失所望，遂棄官離魯，帶領弟子周遊列國，另尋施展才能的機會，此間“干七十餘君”，終無所遇。

要是在今天，五十歲差不多就到了退休的年紀了，可孔子才出來

為政篇

-33-

做事，三年下来，可谓是政绩斐然，只可惜"其兴也勃也，其亡也忽焉"，昙花一现。可孔子为什么还要周游列国，苦苦求索呢？据说孔子将要到陈国，路过匡地。匡人误把他当成了仇人阳虎，就把他围了起来，这一围就是五天。弟子都很害怕，但孔子说："文王既没，文不在兹乎？天之将丧斯文也，后死者不得与于斯文也。天之未丧斯文也，匡人其如予何！"意思是说："周文王已经死去，周代的礼乐制度不就在我们这里吗？上天如果要毁灭这些礼乐制度的话，就不会让我们这些后死的人承担起维护它的责任。上天并没有要消灭周代的这些礼乐，匡人又能把我怎么样呢！"这就是孔子的文化自信、道路自信和人生自信，可见五十岁的孔子在感悟天命之后，已经将天下之"木铎"的使命自觉地负在双肩了。

"六十而耳顺"，"耳顺"一解为"知言"，可以分辨真假，明辨是非。一解为"而"为衍字，"耳"同"而"，我取后者。因为后文有"前言戏之耳。""耳"是语助词，并无实义。因为，这样才好与前文相承接，先是"知天命"，后是"顺天命"，也就是顺天应命的意思。我想，从"志于学"一步一步走来，孔子从人性本善出发，到择善固执，再到止于至善的人生实践中，如发源于雪山珠峰的一江春水，从冰雪消融，到春水涣涣，到夏水襄陵，再到秋水浩渺，面对着高山险阻，都以其雄健的精神一泻千里，在行将入海之时，他才会体悟到"七十而从心所欲不逾矩"的圆通自在之趣。佛家有一句名言叫：入清凉境，生欢喜心，得大自在。或可为此句注解。

孔子总结自己的一生，应当是快乐、充实而富有意义的，如果重来，还会这样去走的一生。他这一辈子，就思想境界来讲，整个过程可分为三个阶段：十五岁到四十岁是学习领会的阶段；五十、六十岁是安心立命的阶段，也就是不受环境左右的阶段；七十岁是主观意识和做人的规则融合为一的阶段。在这个阶段中,道德修养达到了最高的境界。孔子的道德修养过程,有合理因素:第一,他看到了人的道德修养不是一朝一夕的事,不可能一下子完成,要经过长时间的学习和锻炼,要有一个循序渐进的过程。第二,道德的最高境界是思想和言行的融合,自觉地遵守道德规范,而不是勉强去做。真正快乐的人生一定是由他律走向自律,由被动走向主动的,由不自由走向自由的。

第十一讲:问孝

【原文】

2·5 孟懿子问孝。子曰:"无违。"樊迟御,子告之曰:"孟孙问孝于我,我对曰:'无违'。"樊迟曰:"何谓也?"子曰:"生,事之以礼。死,葬之以礼,祭之以礼。"

2·6 孟武伯问孝。子曰:"父母唯其疾之忧。"

2·7 子游问孝。子曰:"今之孝者,是谓能养。至于犬马,皆能有养。不敬,何以别乎?"

2·8 子夏问孝,子曰:"色难。有事,弟子服其劳。有酒食,先生馔。曾是以为孝乎?"

【讲述】

我一直有一个观点,《论语》一定要当成一篇大文章来读,从整体上把握其架构,才能领悟其精神实质。在看似散乱的对话中,实则蕴含着编写者的深意。为什么把"问孝"放在《为政》篇里呢?只要稍微了解中国历史的人都知道,从"三代"以下到唐宋明清,都是讲"孝治天下"的,所谓"求忠臣必于孝子之门"。本篇后面有一则是这样写的——有人问孔子:你为什么不从政呢? 孔子用《诗经》中的"孝乎惟孝,友于兄弟,施于有政"来作答,也正是这一思想的体现。那么,到底是什么是"孝"呢? 我们把上述四则放在一起来看,就不难看出孔子教育的高明之处。孔子曾说过:中人以上,可以语上也;中人以下,不可以语上也。也就是说——中等水平以上的人,可以告诉他高深的学问;中等水平以下的人,不可以告诉他高深的学问。说话要看对象,既要做到不失人,又要做到不失言。

"问孝"的前两位,都是鲁国最有权势的人物——"三家"(孟氏、叔孙氏和季氏)中的一家。孟懿子是父,孟武伯是子。孟懿子的爹是孟僖子,当年在外交事务中因不知礼而受辱,深以为耻,临终前要他向孔子学礼,孔老师就是在这样的背景中,一边给孟氏做家教,一边也招收其他学员,开始了自己兴办私学的伟大事业的。这天,孟懿子问他什么是"孝",孔子对了句"无违",可是没有下文了。夫子出来了,意犹未尽,像是对驾车的樊迟说,又像是自言自语道:"孟孙问我什么是孝,我回答他说无违。"樊迟同学就问了:"什么意思呢? "孔子说:"父母活着的时候,要按礼侍奉他们;父母去世后,要按礼埋葬他们、祭祀他们。" 我们读文章,有时会断章取义,于是就把"无违"理解为"父母命,行勿懒,父母教,须敬听,父母责,须顺承"了,就是不要违背父母。是不违背父母吗? 联系上下文,这句话的意思很明白——不是"无违"父母,而是"无违"礼。孔子对孟懿子的"问孝"是借题发挥,只可惜老孟并未往深里想。因为作为鲁国实际的掌权者,季氏已经"八佾舞于庭"了,而孔子是在提醒孟氏要治国以礼,不要做出什么僭越之事来。

而对世家公子孟武伯的"问孝",孔子告诉他的是"父母唯其疾之忧"。对于孔子的这句话,历来注家有两解,一解是子女只要为父母的病疾而担忧,其他方面不必过多地担忧;一解是做子女的,只需父母在自己有病时担忧,在其他方面就不必担忧了。我取后者,因为孟武伯是晚辈,他爹都叫孔子老师,所以他告诫孟武伯要做好分内之事,不要让父母担忧。这和政治又有什么关系呢?这就是"仁"学的外用,就是以父母之心去做子女,多站在父母的立场上想想。什么是"孝"?首先就是要让老人家安心、放心。同时,作为孟武伯,将来必定是子承父业的,那就要多站在百姓的角度上想问题,世家子弟最怕的就是不懂民间疾苦,就像刘禅的"此间乐,不思蜀",晋惠帝的"何不食肉糜"一样,最终的结果就是国破家亡身败名裂,这难道不是大不孝吗?

前两则"问孝"讲的为政之君道,就是要以礼让为国,以百姓之心为心,后两则"问孝"讲的是为政之臣道,就是要"敬以居之"。子游和子夏都是孔子的高徒,同为"孔门十哲"。子游问什么是孝,孔子说:"如今所谓的孝,只是说能够赡养父母便足够了。然而,就是犬马都能够得到饲养。如果不存心孝敬父母,那么赡养父母与饲养犬马又有什么区别呢?"对于"至于犬马,皆能有养"一句,历来也有几种不同的解释。一是说狗守门、马拉车驮物,也能侍奉人;二是说犬马也能得到人的饲养。本文采用后说。对待父母之"孝"关键就在这个"敬"字,同时,为政之德关键也在这个"敬"字,以一颗敬爱之心尽孝道,就不会对父母吆五喝六;以一颗诚敬之心从政,就不会对百姓颐指气使。而内心的诚敬必然表现在容色上,所以才有下则的"色难"之说。

当子夏问什么是"孝"时,孔子说:"(当子女的要尽到孝),最不容易的就是对父母和颜悦色,仅仅是有了事情,儿女需要替父母去做,有了酒饭,让父母吃,难道能认为这样就可以算是孝了吗?"这当然不算"孝",所谓"孝子之有深爱者,必有和气;有和气者,必有愉色;有愉色者,必有婉容。"(《礼记·小学》)为人子者,先从和颜悦色做起;为政者,先从平易近人做起。

我们把这几则合在一起，大约可以理清孔子为政的思想，就是以"孝"为原点，唤醒人性中向善的因子，不断长养爱别人的能力，用一颗诚敬之心去待人接物，去治事理政，这才是一切道德、学问和事业的根基。

第十二讲：过去、现在和未来

【原文】

2·9 子曰："吾与回言终日，不违，如愚。退而省其私，亦足以发，回也不愚。"

2·10 子曰："视其所以，观其所由，察其所安。人焉廋哉？人焉廋哉？"

2·11 子曰："温故而知新，可以为师矣。"

2·23 子张问："十世可知也？"子曰："殷因于夏礼，所损益可知也；周因于殷礼，所损益可知也。其或继周者，虽百世，可知也。"

【讲述】

承接上文的"问孝"，孔子继续阐述自己的为政理念。孔子说："我整天和颜回谈论，他从来不提反对意见和疑问，像个愚人。等他退下之后，我考察他私下的言论，发现他对我所讲授的内容有所发挥，可见颜回其实并不愚。"我们做老师的，都希望"得天下英才而育之"，谁都喜欢勤学好问的学生。孔子也不例外，所以他有点不满颜回的"终日不违"，他希望学生在接受教育的时候，能开动脑筋，思考问题，能提出自己的观点和疑问。可孔老师根据课下对这个同学的观察，又否定了自己的看法，关键就在这个"发"字上，颜回不发问，并非不懂装懂，颜回是真懂，所以没有必要再问，要做的就是"学而时习之"，落实在行动上，他不但做到了，而且还能有所发挥，这才是最难能可贵的，所以孔子对颜回同学最为欣赏，不仅认为他不愚，而且一个劲地称赞"贤哉，回也"！

同样，为政也在这个"发"字上，对先王之道，不但要继承，更重要的是要发挥。在这个过程中，孔子发挥了什么？四个字——承礼启仁。他接过周公的"礼"，一生致力于"克己复礼"的政治实践中，但面对这礼崩乐坏的局面，孔子也说"道之不行，我知之矣"，可是他没有放弃，他创造性地提出"仁"的核心理念，就是由外在的礼乐教育复归到对人性向善的引导上来，由内而外地引发人真诚向善的力量，把重心由政治转到教育上来，真正从收拾人心入手，把这个社会引导到一个正确的轨道上来。

那么为政如何去发挥？如何去创建？一个是得人，一个是治事。为政之要，首在得人，所谓"举直错诸枉，能使枉者直"。所以，帝舜想尽千方百计一定要让皋陶出山，让他来主持刑狱，就在于上位者的德行表率作用，一人得用而天下风从。如何得人？首在知人。孔子的相人术就在这句"视其所以，观其所由，察其所安"上，就是说要了解一个人，要先看他现在的言行动机，还要观察他以往所走的道路，更重要的是看他将来把心安在什么地方。

再来谈如何治事？就在这句"温故而知新"，在温习旧知识时，能有新的体会和发现，这句没有问题，问题出在后一句译注上——凭这一点就可以当老师了。为什么要当老师？不要忘了这一句放在《为政》篇来讲，且不说孔子不做师范教育，不培养老师，单就上下文来讲也是讲不通的，这里的"师"应当是师法、借鉴的意思，就是所谓的"前事不忘，后事之师"。《资治通鉴》里面的这段文字，说的就是这个意思：初，权谓吕蒙曰:"卿今当涂掌事,不可不学!"蒙辞以军中多务。权曰:"孤当欲卿治经为博士邪!但当涉猎,见往事耳。卿言多务,孰若孤?孤常读书,自以为大有所益。"对于从政者来讲,学习的意义就在于"见往事",也只有"见往事",才能治事明,才能对社会的走向有一个比较清楚的认识,对于政治的走向才会有一个比较准确的把握。这才是从政者治事理政的根本素养。下文子张问孔子:"今后十世(的礼仪制度)可以预先知道吗?"孔子回答说:"商朝继承了夏朝的礼仪制度,所减少和所增加的内容是可以知道的;周朝又继承商朝的礼仪制度,所废除的和所增加的内容也是可以知道的。将来有继承周朝的,就是一百世以后的情况,也是可以预先知道的。"孔子如何能做到"百世可知"?难道孔子是先知吗?答案就在这一句上——温故而知新。我们为什么要读史?所谓"鉴于往事,有资于治道""以史为鉴,可知兴替"是也。

总述上文,为政之要根基在务本,关键在发挥。两个途径,用对人,把对脉,如何用对人?"视其所以,观其所由,察其所安";如何把对脉?"温故而知新,可以为师矣"。

第十三讲:君子不是东西

【原文】

2·12 子曰:"君子不器。"

【讲述】

在这一章里,孔子说:"君子不是个东西啊。"不器,就是不是东西,不是某个器物的意思。凡是器物,就有某个方面的固定用途。就像茶壶,是用来泡茶的,可以用来煮饺子吗?可以啊,可是倒不出来啊。君子不是个东西,那是什么呢?

在接下来的《公冶长》一篇中,第四则是这样记述的——子贡问曰:"赐也何如?"子曰:"女,器也。"曰:"何器也?"曰:"瑚琏也。"《论语》的编排真是很有意思,在这一篇中孔子一口气评价了三个学生,都是年轻一代的,特别是子贱,少孔子49岁,应该是孙子辈的人物。这时,子贡忍不住了,站出来问道:"老师啊,你看我怎么样?"孔子说:"你是个东西。"子贡追问:"我是什么东西?"孔子说说:"是个瑚琏。"瑚琏是什么呢?是宗庙盛黍稷的盛器,上至天子诸侯,下至公卿大夫,都将其置于大堂之上、宗庙之中,是极为尊贵、华美的大宝礼器。孔子以瑚琏比子贡,是说子贡对于国家社稷,乃是大器,这是很高的评价,但是还不是最高的评价。因为"君子不器"嘛,毕竟子贡的修养还有所欠缺,没有达到"不器"的君子境界。于是,子贡就问了:

【原文】

2·13 子贡问君子。子曰:"先行其言而后从之。"

【讲述】

子贡问那怎样做才能成为一个君子呢。孔子说:"对于你要说的话,先实行了,再说出来,(这就够说是一个君子了)。"

孔子为什么要这样说?因为子贡同学是言语科的高才生。后人把孔门七十二圣贤分为四科——德行,言语,政事,文学。对于子贡来讲,不在知之难,而在行之难。不在表达,而在践行。所以,孔子才告诉他,要先做了,然后再说。我们讲人的道德修养,其实主要还是要看他的言行。《论语》中关于这方面孔子讲的很多,如"君子耻其言而过其行也""古者言之不出,耻躬之不逮也"等等。孔子认为,作为君子,不能只说不做,而应先做后说。因为只有这样,才可以取信于人。人为什么要慎于言呢?就在于"一言既出,驷马难追"。话说出去,就收不回来了。所谓"祸从口出，病从口入"就是这个意思。所以，一个有德行的人，一定是行在先而言在后的。司马迁在写《李将军列传》时，就用《诗经》中的句子"桃李不言，下自成蹊"来赞扬李广的品性。而对于从政者来讲，取信于民永远是第一位的，如果光说不做，或是言过其实，都是不可以的。所以下文讲：

【原文】

2·22 子曰："人而无信，不知其可也。大车无輗，小车无軏，其何以行之哉？"

【讲述】

輗，是古代大车车辕前面横木上的木销子。軏，是古代小车车辕前面横木上的木销子。没有輗和軏，大车、小车都不能走。孔子是用比喻的方法来讲诚信的重要性。一个人不讲信用，就好像大车没有輗、小车没有軏一样，它靠什么行走呢？当然是寸步难行的。

信，是儒家传统伦理准则之一。孔子认为，信是人立身处世的基点。在《论语》一书中，信的含义有两种：一是信任，即取得别人的信任，二是对人讲信用。在后面的《子张》《阳货》《子路》等篇中，都提到信。孔子在讲自己的人生理想时说：老者安之，少者怀之，朋友信之。就是说要让老人们能够安度晚年，少年人能时常感念自己，而朋友们都可以信任自己。我想，这才是仁者情怀。所以说，仁者，人也，就是人与人之间适当关系的实现。孔子一生都是致力于兹的。

当然，为政者更要实现人与人之间适当关系的互动。我们大家都非常熟悉商鞅徙木立信的故事。《史记·商君列传》这样记载："孝公既用卫鞅，鞅欲变法，恐天下议己。令既具，未布，恐民之不信已，乃立三丈之木于国都市南门，募民有能徙置北门者，予十金。民怪之，莫敢徙。复曰：'能徙者予五十金。'有一人徙之，辄予五十金，以明不欺。"

商鞅作为一个杰出的政治家,是深谙此道的。同样,曹刿在与鲁庄公的论战中,也是把政治上取信于民作为取得战争胜利的先决条件。

我们今天建设社会主义和谐社会,这个和谐从何而来? 首先是人与人之间适当关系的建立,如何去建立? 首先是要讲诚信。我们今天很多的社会问题,都是出在信这个字上,人与人之间诚信的缺失,必然导致社会诈伪之风盛行,而生活在其中的人们,由于缺少了人与人之间最基本的信任,就会互相提防,戴上面具,不敢以真心示人,这才是现代人活着累的根本原因。

综上所述,再回到前题上来:君子是个什么东西呢? 君子是孔子心目中具有理想人格的人,非凡夫俗子,他应该担负起治国安邦之重任。对内可以妥善处理各种政务;对外能够使于四方,不辱君命。所以说,君子应当博学多识,具有多方面才干,不只局限于某个方面,不要成为一个东西。那么如何修炼成一个君子呢? 先决条件是信,要"先行其言而后从之",要"讷于言而敏于行"。接下来,还有那些修行法门呢? 我们继续往下读。

第十四讲:团结就是力量

【原文】

2·14 子曰:"君子周而不比,小人比而不周。"

【讲述】

孔子说:"君子是团结,而不是勾结;小人是勾结,而不是团结。"杨伯峻的《论语译注》是这样注的:"周"是以当时所谓的道义来团结人;"比"则是以暂时共同利害互相勾结。朱熹《四书章句集注》中这样来解"周"和"比"：周，普徧也。比，偏党也。皆与人亲厚之意，但周公而比私耳。那么君子小人如何区分？关键就在这公私二字。朱熹认为"君子小人所为不同，如阴阳昼夜，每每相反。然究其所以分，则在公私之际，毫厘之差耳。"君子出于公心，小人囿于私利。出于公心所以能胸怀宽广，纳百川而归于海，搞五湖四海而不搞拉帮结派；出于私利所以就心胸狭窄，结党营私而排除异己，搞宗派主义而不讲道义原则。《论语》中以君子小人比对说事的句子很多，如"君子群而不党，小人党而不群""君子和而不同，小人同而不和""君子泰而不骄，小人骄而不泰"等等。

孔子此言，可谓有先见之明。今天我们再回过头来看，中国历史上少有的几个盛世，都是终结于党争。唐中叶有牛僧孺与李德裕之间的牛李党争，北宋先有宋仁宗时由范仲淹革新引起的朋党之争，后有因王安石变法引起的新旧党争。

在此说一说王安石的熙宁变法。先说王安石这个人吧，应当说这是一个有大志向、大格局的人，是一个读书志在圣贤、为政志在尧舜的人。王安石变法的目的是要抑制豪强，调动农民的生产积极性，发展农业和商业，缓和农民阶级与地主阶级的矛盾，最终实现富国强兵之目的。他坚信只要动机是好的，并坚持不懈，就一定会有个好结果。然而他的变法却遭到了一大群人的反对。可王安石是出了名的"拗相公"，他推崇"三不"主义："天变不足畏，祖宗不足法，人言不足恤。"他甚至扬言："当世人不知我，后世人当谢我！"正因有此信念，所以王安石信心百倍，理直气壮，无所畏惧，甚至独断专行，不计后果。正是由于他的这种态度，朝中那些大臣，有的原本是他的靠山，如韩维、吕公著；有的原本是他的荐主，如文彦博、欧阳修；有的原本是他的领导，如富弼、韩琦；有的原本是他的朋友，如范镇、司马光，都因为不同意他的一些做法而遭到排斥。

　　当时朝堂之上，改革派和保守派就泾渭分明了。其实，他们都是读圣贤书的，却忘了孔子的这句话：君子周而不比，小人比而不周。青年毛泽东目光如炬，一针见血地指出王安石变法失败的原因就在于"无通识，并不周知社会"，可谓精深独到。王安石就败在这个"周"字上，他不但"不周知社会"，更为重要的是不周知群僚。就说说司马光一伙人吧，他们原本也是改革派，对于帝国和王朝的弊病，和王安石一样都有极为透彻和深刻的认识。只是开出的药方不同而已，一则主张暴风骤雨式的改革，一则主张循序渐进式的改革。虽然两人都是君子，却做不到"周"，不能团结不同政见者，一个是"拗相公"，一个是"司马牛"，所以司马光宁肯在家著《鉴治通鉴》19年，却不与王安石同朝理政，一朝当势，就将王安石的变法全盘否定，全部废止。哪个政权受得了如何折腾？苏轼想要折中一下，却是老鼠钻风箱——两头受气，先受新党排挤，后遭旧党贬黜。其实，无论新党还是旧党，都会有君子，也会有小人，新党中吕惠卿、蔡京之类是小人，旧党中对王安石进行造谣污蔑的邵伯温也是小人。君子之间可以保留自己的政见，对于小人则要小心提防。就在范仲淹、王安石、司马光、苏轼这些君子为国家社稷争得头破血流的时候，吕惠卿、蔡京之流们却相继上位，最终把北宋王朝推向腐朽和没落的深渊。

　　每当读到这段历史，不禁联想到林则徐的"海纳百川，有容乃大；壁立千仞，无欲则刚"，没有容人之量，没有识人之明，就算是王安石、司马光等君子之流，最终也只能以悲剧收场。可见，为政者应以"周"字当头，努力做到周全、周到、周密，也就接近于君子品行了。

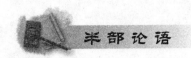

第十五讲：君子是怎样炼成的（上）

【原文】

2·15 子曰："学而不思则罔，思而不学则殆。"

【讲述】

承接上文的"君子不器"，我们继续讲君子是个什么东西。前面提到君子要"先行其言而后从之""君子周而不比"，君子的修炼之路，首先要从修炼自己的言行开始，其次还要讲团结，要容众，应当说这些都是为政者的基本素养。但是仅有这些还不够，还要在实践中不断提升我们的学习力，更重要的是要有自己独立的思考，有自己独到的见解。所以孔子说："只读书而不思考问题，就会迷惑；只是一味空想而不读书，就会疑惑。"孔子认为，在学习的过程中，学和思不能偏废。只有将学与思相结合，才能全面提升我们的学习力、反思力和行动力。

这里有三个问题，首先是为什么要学？因为"学而优则仕，仕而优则学"。"优"，解释为优秀似不妥，学习优秀了就要做官，孔子优秀不优秀？可他没官做啊。东汉许慎《说文解字》解释为"饶"；清代段玉裁《说文解字注》补充了"优裕"，引申为"优游"；杨伯峻先生译成"有余力"。我取此解，学习有余力就从政，从政有余力就要学习，因为学习可以提升一个人的综合素养，可以提升一个为政者的从政能力，学和仕是相互促进的。孔子曾指出，不学习的弊端约有六种——"好仁不好学，其蔽也愚；好知不好学，其蔽也荡；好信不好学，其蔽也贼；好直不好学，其蔽也绞；好勇不好学，其蔽也乱；好刚不好学，其蔽也狂。"可见，为政者不能不学，君子之行修，不可不学。所以，孔子拿自己说事——"吾尝终日不食，终夜不寝，以思，无益，不如学也"。

其次是学什么？在《论语》里，学和习是有区别的，学什么？学主要是指读书，研读古代的文化典籍，如孔子讲自己"五十以学《易》"就是一例。习，主要是指践行，因礼、乐皆需演习。所以讲"学而时习之"。作为一个君子，一个将来的为政者，关键在于"温故而知新"，"鉴于往事而有资于治道"，所以要研读历朝历代遗留下的政治、文化典籍，从而对现实政治的走向有一个比较正确的把握。

再次是怎样学？孔子作为一代先师，是非常了解学习规律的。我们的学习首先要从感性认识开始，然后上升到理性认识，最后再到实践，再在实践中反思、校正，开始下一个学习过程，孔子讲"能近取譬""反求诸已""温故而知新"，这些学习经验直至今天仍有很强的借鉴意义。同时，学习的过程一定要伴随着独立思考，孟子讲"尽信书，则不如无书"，就是这个意思。所以要读书，要学习，还要做到学思结合。接下来——

【原文】

2·16 子曰："攻乎异端，斯害也已。"

【讲述】

对于"异端"，到底是"攻"还是"不攻"？一解为：攻击那些不正确的言论，祸害就可以消除了；一解为：批判其他不同立场的说法，难免带来后遗症，会有害处。"攻乎异端"当然是"攻"了，关键是"斯害也已"如何解？是解为"异端"有害呢，那就"攻"；解为"攻"有害呢，当然就不"攻"了。

先说何为"异端"？《四书集注》中朱熹引范氏之论："异端，非圣人之道，而别为一端，如杨墨是也。其率天下至于无父无君，专治而欲精之，为害甚矣！"引程氏之论："佛氏之言，比之杨墨，尤为近理，所以其为害尤甚。学者当如淫声美色以远之，不尔，则驳驳然入于其中矣。"

可见，朱熹是将"异端"解为异端邪说了，主要是指杨墨、佛道之说了。孔子之后的孟子，所处的时代是战国，和孔子又有很大不同，正是大争之世，所以孟子的言论较孔子就激烈多了，他说"天下之言，不归杨，则归墨。杨氏为我，是无君也。墨氏兼爱，是无父也。无父无君，是禽兽也。"直接骂人"禽兽"了！这哪里还有夫子的"温、良、恭、俭、让"呢？

可是别忘了，凡事都是相互的。你攻击别人，别人不攻击你吗？后世庄子把儒者称为"独弦歌以卖名声于天下者"，认为"圣人不死，大盗不止。"韩非为代表的法家也极力反对，认为"儒以文乱法"，是危害社会的"五蠹"之一。

在孔子生活的时代，并无百家争鸣之说，佛教传入中土亦是汉明帝时的事了。孔子为什么要攻"异端"？这岂不与"君子周而不比"自相矛盾吗？孔子在世时，很多的隐士就对他颇有微词。《史记·老子韩非列传》记载孔子曾问礼于老子，老子对他的学说很不以为然，他说："子所言者，其人与骨皆已朽矣，独其言在耳。"还告诫孔子："去子之骄气与多欲，态色与淫志，是皆无益于子之身。"可是，孔子仍然很崇拜老子，会见后出来就对人说老子可能就是传说中的龙吧。孔子也很推崇晏子，他称赞道：晏平仲善与人交，久而敬之。可他在齐国将受重用之时，还是晏子出来投了反对票，认为孔子的学说远离现实，不合时宜。到底合不合时宜很难讲，要是孔子在齐国也"摄行相事"，那老晏同志往哪儿摆啊？可是，孔子并没有去"攻"人家呀。所谓"道不同，不相为谋"嘛，世界那么大，各走一边吧，为什么要"攻乎异端"，批判人家呢？一部《金刚经》，反复讲"无我相，无人相，无众生相，无寿者相"，因为只要有人就会有我，只要有是就会有非，一切矛盾，争斗皆从此起。"一切贤圣皆以无为法而有差别"，道理都是相通的，只是悟的程度有深浅,表达的方式有差别而已。

说到这里,我们就该弄清孔子的意思了,后面还要讲到孔子称赞舜帝的话:"舜其大知也与! 舜好问以好察迩言。隐恶而扬善。执其两端,用其中于民。其斯以为舜乎! "和这一句可以相互印证,"攻乎异端",就是去"两端",取中间,用中道的意思。用中之道,即是君子之道,更是为政之道。"政者,正也。"当今的为政之要就是努力为人民群众创造公平正义的社会环境,健全完善以机会公平、规则公平、分配公平为主要内容的社会保障体系,并且在务实的层面上下功夫。此为政者,君子也。

第十六讲:君子是怎样炼成的(下)

【原文】

2·17 子曰:"由! 诲女,知之乎! 知之为知之,不知为不知,是知也。"

【讲述】

孔子说:"由! 教给你对待知或不知的正确态度吧! 知道就是知道,不知道就是不知道,这就是智慧啊! "我们读《论语》最大的障碍就是很多话都是孤立的,没有前后文,没有背景,甚至连对话者也没有,好在这一句还有一个提示——"由",可见是孔老师对子路同学说的。孔子为什么会对子路说这句话呢? 还得先从子路这个人谈起。

子路,姓仲名由,子路(或季路)是他的字,小孔子九岁,有典籍称子路是"卞之野人",卞地当时在鲁国国都和乡郊之外,属于"野"的区域,栖居在这里的人称之为"野人",他们大多以种田劳作为生。可以说,子路是孔子的小老乡。在孔子的众多门徒中,子路是最富个性色彩的一个,也是故事最多的一个。《二十四孝图》中就有他"负米养亲"的故事。据载,子路早年家境非常贫寒,虽然终年辛苦耕作,一家人也常要靠野菜充饥。为了能让父母吃上米饭,子路曾经"为亲负米百里之外",然后将挣来的谷米背回家孝养双亲。后来子路当官从政,过上了"列鼎而食"的好日子,想到父母已故,再欲奉养而不得,还不禁为此感伤不已。

可能是"为亲负米"的缘故,子路经常到都城曲阜,因此得以结识孔子。司马迁《史记》记载了孔子与子路初次相遇的情形,子路"冠雄鸡,佩豭豚,陵暴孔子",用现代话说就是子路头上插戴着雄鸡的羽毛,身上佩挂着野公猪的牙齿,可谓是奇装异服,惊世骇俗。不知什么原因,他竟对孔子动起粗来了。俗话说"不打不相识"嘛,子路就这样与孔老师相识了。孔子问子路:"你有什么喜好?"子路回答说:"我喜欢长剑。"孔子说:"我不是问这方面。以你的天赋,再加上学习,怎么会有人赶得上呢?"子路说:"南山有一种竹子,不须揉烤加工就很笔直,削尖后射出去,能穿透皮革,所以有些东西天赋异禀又何必要学习呢?"子路把自己比作"不揉自直"的竹子,这真是自信的人生不需要理由啊,可见子路对孔子的那套并不感冒。还是孔子气场大,后来就收了子路,子路也真心感佩于夫子的道德学问,终其一生追随左右。孔子这样评价子路:自吾得由,恶言不闻于耳。王肃对此有注解:"子路为孔子侍卫,故侮慢之人不敢有恶言,是以恶言不闻于孔子耳。"正是因为有子路常在孔子身边当侍卫,那些傲慢无礼的人便不敢对夫子说难听的话。

当然,孔子对子路也没少训诫和敲打。在夫子看来,子路最大的毛病就是"不好学",我们前面讲到的"六言六蔽(弊)",其中"好直不好学,其蔽也绞;好勇不好学,其蔽也乱;好刚不好学,其蔽也狂",就是特别说给子路听的。

我们读《论语》就会发现,夫子对子路讲话,往往带有训诫乃至训斥的口气,像这一句——"由!诲汝知之乎?知之为知之,不知为不知,是知也。"夫子温而厉、威而不猛的神情就跃然纸上了。

其实,子路的毛病也是所有聪明人的通病,就是"强不知以为知"。自己明明不懂,却又偏爱不懂装懂。孔子为什么好学?就在于他从来都把姿态放得很低,他不承认自己是"生而知之者",而是"好古敏以求之者也",所以在"十有五而志于学"的人生道路上,孔子始终以"学而不厌,诲人不倦"自警自励,终成至圣先师。后面我们还要讲到这样一则:"子入太庙,每事问。或曰:'孰谓邹人之子知礼乎?入太庙,每事问。'子闻之曰:'是礼也。'"孔子为什么要"每事问"?这正是礼的根本,也是夫子一生好学不厌的真实写照。

这一则孔子说出了一个深刻的道理:"知之为知之,不知为不知,是知也。"对于一切文化知识,我们都应当虚心学习、刻苦学习,尽可能多地加以掌握,可是人的知识再丰富,总有不懂的问题。人往往是知道的越多,才会发现自己不知道的也越多,正所谓"学然后知不足,教然后知困",所以,我们对待学问,要有实事求是的态度,同样道理,为政更需要有实事求是的态度,知道就是知道,不知道就是不知道。道理很简单,可是要做到却很难。所以儒家讲人的修为,特别强调一个"诚"字,"诚则明矣,明则诚矣",只有真诚才能产生向善的力量,一个真正的君子,一定是先诚其意,"所谓诚其意者,毋自欺也。如恶恶臭,如好好色,此之谓自谦。"应当说,真诚是君子修行的不二法门。

第十七讲：子张学干禄

【原文】

2·18 子张学干禄。子曰："多闻阙疑，慎言其余，则寡尤；多见阙殆，慎行其余，则寡悔。言寡尤，行寡悔，禄在其中矣。"

【讲述】

前面讲了君子的修行之路，这正是孔子的教育目的之所在，就在于为社会培养君子，因为在天、地、人三才中，唯有人是最可宝贵的，只有千千万万个仁人君子致力"明明德"的学习中，致力于"亲民"的社会实践中，我们这个社会才会变得越来越美好，我们人类才会步入一个正确的轨道，最终实现"止于至善"。

培养君子是为了服务民众，造福社会，这没错。可是，有的学生求学的目的却比较直接，就是为了考公务员，为了拿薪水。这天，来了位子张同学，复姓颛孙，一个单字名师，字子张，这位年轻后生比孔子小了48岁，可以说徒孙辈了，一上来，就是要学"干禄"，"干"就是干求，谋取的意思。面对这个年轻人，孔老师没有"愠"，也没有讲大道理，而是语重心长地对他说：要多听，有怀疑的地方先放在一旁不说，其余有把握的，也要谨慎地说出来，这样就可以少犯错误；要多看，有怀疑的地方先放在一旁不做，其余有把握的，也要谨慎地去做，就能减少后悔。说话少过失，做事少后悔，官职俸禄就在这里了。

当然，本篇讲为政，并不是为"干禄"，可是安身立命也总得有个物质生活的基础，所以孔子并不反对他的学生谋求官职，他说"三年学，不至于谷，不易得也。"可见，孔老师是明白人。他曾自嘲"吾岂匏瓜也哉，焉能系而不食"，就是说：我难道是匏瓜吗？怎能只挂在那里给你们看的呢？因为匏瓜终归是要拿来给人来吃的。所以，当年轻的子张同学请教"干禄"问题的时候，孔老师是耐心做了解答的。

我们细细品味这段话，其实是有个逻辑在里面的。干禄是果，说对话、做对事是因，如何做到？多听、多看，把不懂的、没把握的先放一边，有把握的就去实行。少说错话，少做错事，少犯错或是不犯错，俸禄不就在其中了吗？可见，孔子的教育风格确是高明，对待像子张这样初出茅庐的后生，你讲一大堆道理有什么用？只能从最切实际的说话做事给年轻人一点忠告。他认为，身居官位者，应当谨言慎行，说有把握的话，做有把握的事，这样可以减少失误，减少后悔，这是对个人、对民众、对社会负责任的态度。

那么为政者除了要有这样的责任心之外，还要具备哪些素养呢？

【原文】

2·24 子曰："非其鬼而祭之，谄也。见义不为，无勇也。"

【讲述】

这里的"鬼"有两种解释：一是指鬼神，二是指死去的祖先。孔子说："不是你应该祭的鬼神，你却去祭它，这就是谄媚。见到应该挺身而出的事情，却袖手旁观，这就是怯懦。"本篇都是在谈为政，为什么突然谈到鬼神了呢？我们知道孔子是殷人之后，殷人是"尚鬼"的，这是其一，当然孔子崇尚周礼，倡导"敬鬼神而远之"，作为为政者，当然不可以"不问苍生问鬼神"的，但是这里的"鬼"还有祖先的意思在里面。孔子讲"慎终追远，民德归厚矣"，因为"国之大事，在祀与戎"，一个是祭祀，一个是战争。所以，为政者要重视"祀"，可不是自己的先祖却去祭祀，这不是谄媚吗？这一句和后一句可以看成是"比"的手法，不应当做的事去做了，可是该做的事却没有勇气去做。只是寄希望于鬼神的庇佑，现实的问题却没有勇气去解决。所以说，为政者要有担当，

前面讲了这么多,总终还是要落实在做上,所以"为政"篇以此句作结,是要强调为政重在一个"为"字,见义勇为,"义者,宜也",应该做的、合于道义的,就要去做,义无反顾,勇往直前,有所作为,才是君子的高风亮节,也是为政者的大智大勇。

第十八讲:问政

【原文】

2·19 哀公问曰:"何为则民服?"孔子对曰:"举直错诸枉,则民服;举枉错诸直,则民不服。"

【讲述】

本篇主要讲为政,既记述了孔子和弟子们的对话,也有当政者与孔子的对答。这一天,鲁哀公问道:"怎样才能使百姓服从呢?"孔子回答说:"把正直无私的人提拔起来,把邪恶不正的人置于一旁,老百姓就会服从了;把邪恶不正的人提拔起来,把正直无私的人置于一旁,老百姓就不会服从了。"

《论语》中记载孔子对国君及在上位者问话的回答都用"对曰",以示尊敬。今天,问政者正是孔老师的顶头上司——鲁哀公。因为鲁国是孔子的父母之邦,鲁国的几位国君都和孔子有着千丝万缕的联系,从某种意义上说影响着孔子一生的走向。今天,我们就先说说这位哀公。

鲁哀公,姓姬名蒋,哀是其谥号,公元前494—前468年在位,是春秋时期鲁国"十二公"中的最后一位,后人以"哀"为其谥号,估计这人也强不到哪里去。这个"哀"用鲁迅的话说就是"哀其不幸,怒其不争"

的意思。提到历史上的春秋时代，我们常用"礼崩乐坏"来形容它，鲁国的国政在鲁哀公时也日益不堪，季孙氏、孟孙氏、叔孙氏三家掌权，因这三家都是鲁桓公的后代，所以称之"三桓执政"。另外，鲁国还受到吴、越、齐等大国的欺压，日子愈发不好过。在国际国内大环境都不乐观的情况下，鲁哀公本人若能发奋图强，励精图治，情况或许会有所好转，可惜的是，鲁哀公这个国君也当得太不靠谱。他带头违反礼法，非要将宠妾立为夫人，将妾所生公子立为太子，虽遭众人反对，但仍一意孤行，"国人始恶之"。孔子本是主张遏制"三桓"，加强君权的，可是鲁哀公对孔子的建议并不听从，孔子虽有"国老"之名，却无法在政治有所作为。孔子去世之后，鲁国的国政继续恶化，哀公与"三桓"之间也变得更加水火不容。鲁哀公感到形势不妙，就辗转"如越"，流亡到越国，希望越国能帮助他清除"三桓"，实现复国。结果，越国不肯帮助他。随后他四处流亡度日，最终客死他乡。

哀公的悲剧孔子在世之日也许就有预见。从这段话中我们可以看出，哀公问政的重点是民众如何服从于他，而孔子却对答"举贤措诸枉"，要他把那些德才兼备的人放到合适的位置，可以说是答非所问了。这是孔子在旁敲侧击地提醒哀公，你看看自己都用了些什么人，后面我们还要讲到的"八佾舞于庭"的季氏，"以《雍》彻"的"三桓"，哪里还有一点为人臣的样子？这些人继续当权，如何使民服？可惜，孔子说完，就没有下文了。季氏是听懂了，还是不懂装懂，或是懂装不懂呢。

所谓"文武之政，布在方策。其人存，则其政举；其人亡，则其政息。"文武之政，方策已定，人就是决定性因素了，否则再好的经由歪嘴的和尚念也是念不好的。为什么会人亡政息？关键还是政策的落实者出了问题，前面讲到的王安石变法便是一例。诸葛亮在《出师表》中

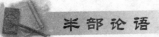

写道:亲贤臣,远小人,此先汉所以兴隆也;亲小人,远贤臣,此后汉所以倾颓也。在荐举贤才、选贤任能的问题上,诸葛丞相是秉承了孔子的德治思想的。今天我们讲"法制",好像"人治"就不靠谱,可是回过头来想,"法"固然靠谱,可也得由靠谱的人去实施啊。所以,孔子给哀公的建议就是"举直错诸枉"。接下来,问政的是谁呢?

【原文】

2·20 季康子问:"使民敬、忠以劝,如之何?"子曰:"临之以庄,则敬;孝慈,则忠;举善而教不能,则劝。"

【讲述】

季康子,姓季孙名肥,"康"是他的谥号,鲁哀公时任正卿,是当时政治上最有权势的人。虽然孔子一生致力于"克己复礼"的政治实践中,对周天子、鲁公可谓是尽忠尽职,以致"事君尽礼,人以为谄也"。但是这些君主对孔子的赤胆忠心似乎并不买账。孔子一朝上位,就力推"堕三都",将"三桓"视为心腹大患,必欲除之而快。可是"三桓"却是孔子的贵人,在有意无意中成就了孔子的千秋事业。前文"问孝"篇中提到孟僖子将儿子孟懿子、南宫敬叔送到孔子门下,是孔子兴办私学的缘起,这位问政的季康子,则是孔子周游列国的实际终结者。

当时的鲁国在齐国、吴国这两个大国的夹缝里生存,国政举步维艰,而三桓之间的关系也不融洽。哀公十一年,齐国入侵鲁国,孟孙氏、叔孙氏怨季氏专权,不肯听季康子的号令共御外侮。季康子任用孔子的弟子冉有等人,击退了齐人,接着会同吴国在艾陵大败齐人,史称艾陵之战。此战之后,季康子加紧战备,以防齐国再次入侵。就在这样的背景下,哀公十一年,季康子使公华、公宾、公林以币迎孔子,至此,被"三桓"逐出鲁国的孔子终于得以回国。归国之后,季康子以"国老"之礼礼遇孔子,久历风霜漂泊,晚年的孔子总算有了一个安宁的所在,也正是这段岁月,孔子完成了他对《诗》《书》《礼》《易》《春秋》的系统整理。可以说,季康子的行为间接成全了孔老夫子作为圣人的千秋功业。

这一天,季康子问孔子:"要使老百姓对当政者人尊敬、尽忠而努力干活,该怎样去做呢?"孔子说:"你用庄重的态度对待老百姓,他们就会尊敬你;你对父母孝顺、对子弟慈祥,百姓就会尽忠于你;你选用善良的人,又教育能力差的人,百姓就会互相勉励,加倍努力了。"

我们把这两则合起来看,很有意思的,当权者关心的都是如何让别人服从,如何让别人好好干活啊,诸如此类的问题。孔子如何去教他们这些呢?如果夫子真的以权术相授,那就不是圣贤所为了,还是夫子一以贯之的仁术,就是两个人的事,换位思考,"反求诸己",先把自己的功课做好再来想别人的问题。可见,孔子主张的"德治""礼治",并不单单是针对老百姓的,对于当政者也是如此。当政者本人首先要做到庄重严谨、孝顺慈祥,老百姓才会对当政者尊敬、尽忠又努力干活。

后面季康子问政于孔子的还有不少章节,孔子都一一作了对答,比较有名的如:政者,正也。子帅以正,孰敢不正?季康子问孔子如何治理国家,孔子回答说:"政就是正的意思。您本人带头走正路,那么还有谁敢不走正道呢?"可见,孔子始终把为政者的个为修为放在首位。这一则也可以与篇首的"为政以德,譬如北辰,居其所而众星共之"相呼应,大有一气呵成,行云流水之意。

八佾篇

《八佾》篇包括 26 则。前一篇重点谈"为政以德",本篇重点谈"为政以礼"。本篇主要内容涉及"礼"的问题,主张维护礼在制度上、礼节上的种种规定;孔子提出"绘事后素"的命题,表达了他的伦理思想以及"君使臣以礼,臣事君以忠"的政治道德主张;最后,孔子指出礼是人类社会行为规范的总和,号召人们学礼、知礼、遵礼而行。

第十九讲:拍桌子与捋胡子

【原文】

3·1孔子谓季氏,"八佾舞于庭,是可忍也,孰不可忍也?"

【讲述】

从这一讲我们开始学习《论语》二十篇的第三篇——《八佾》,"八佾"是取篇首"八佾舞于庭"中的"八佾"二字作为章目,看似随意,实有深意。前面我们讲到"学而"是体,"为政"是用,承之以孔子对当时社会政治、礼乐文化的一些批判,为我们全面了解孔子的治国理政思想提供一些生动而具体的例证。

本篇是从孔子对当权者季氏的批评开始的。本则中的季氏,根据《左传》和《汉书·刘向传》的记载,这位季氏可能是季平子。"八佾"是古代的舞蹈奏乐，八个人为一行，这一行就叫一佾，八佾就是八行，八八六十四人，据《周礼》规定，只有周天子才可以使用八佾，诸侯为六佾，卿大夫为四佾，士用二佾。季氏是正卿，只能用四佾。可是季氏却将"八佾"舞到自家庭院，孔子听后，是气得拍桌子呢，还是叹气捋胡子呢？关键就是在这个"忍"字上。翻阅前说，一解为容忍，一解为忍心。若取容忍，那就是我们的孔老师听到季氏"八佾舞于庭"的消息后，怒从心头起，胆向两边生，对着学生们一拍桌子，大吼一声：是可忍也，孰不可忍也？不忍了，老子干了！可是当时孔子并没有讨伐季氏的意志和条件啊，我们的夫子曾这样教训过子路——暴虎冯河，死而无悔者，吾不与也。必也临事而惧，好谋而成者也。孔子做事情，要么不做，要么就要"临事而惧，好谋而成"。可见，并不是孔老师忍不了了，要对季氏发难。我想，还是取忍心比较合于情理，因为这位季平子曾逼走鲁昭公，最终使其客死他乡。在听到他"八佾舞于庭"的消息后，我们的夫子先是叹了口气，一边捋着胡子，一边说：这样的事，他都忍心做出来，还有什么事做不出来呢？

这就是孔子的悲凉，因为季氏这种僭越行为在鲁国当权者那里已是相当普遍。我们继续往下看——

【原文】

3·2 三家者以《雍》彻。子曰："'相维辟公，天子穆穆'，奚取于三家堂？"

【讲述】

孟孙氏、叔孙氏、季孙氏三家在祭祖完毕撤去祭品时，命乐工唱《雍》这篇诗。孔子说："(《雍》诗上这两句)'助祭的是诸侯，天子严肃静穆地在那里主祭。'这样的诗句，怎么能用在你们三家的庙堂里呢？"

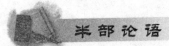

本章与前章都是谈鲁国当政者违"礼"的事件。对于这些僭越犯上的举动,孔子表现得极为愤慨,也相当无奈。天子有天子之礼,诸侯有诸侯之礼,大夫有大夫之礼,各守各的礼,国家才会安定,社会才会和谐,可是鲁国作为礼乐文化的发祥地,怎么当权者也这样无"礼"呢? 其实,孔子看得很明白,他说:天下有道,则礼乐征伐自天子出;天下无道,则礼乐征伐自诸侯出。这些事件的发生,并不是偶然的,这正是一个国家要走向分裂,一个社会要走向动荡的前兆啊!

在前面,我们讲到孔子的文化意义就在于"承礼启仁"。周公制礼作乐,使人类迈出走向文明的第一步,可是到了晚周,礼乐已是形同虚设,臣弑君,子弑父,各种社会乱象都出来了,孔子想要恢复周礼,已是"知其不可为而为之",所以,他从教育入手,从唤醒人们的良知入手,创造性地提出"仁"的理念,引领学生从孝、悌做起,在不断反思自己言行,不断提升自我修养的过程中,由内而外地生发出向善的力量,去断恶修善,去避恶行善,去改造人性,从而实现改良政治、改造社会之目的。

第二十讲:问礼

【原文】

3·3 子曰:"人而不仁,如礼何? 人而不仁,如乐何? "

【讲述】

孔子说:"一个人没有仁德,他怎么能实行礼呢? 一个人没有仁德,他怎么能运用乐呢? "

前面我们提到孔子对"三家"僭礼的批判,体现了孔子深沉的忧思。我们讲"礼以居敬,乐以导和",礼的功效在于使人趋于庄重,乐的功效在于让人内心平和。所以,礼乐是君子行修的不二法门。所谓"不学礼,无以立",乐是表达人们思想情感的一种形式,也是礼的一部分。礼与乐都是外在的表现,而仁则是人们内心的觉悟,所以礼乐必须反映人内在的仁德。这里,孔子把礼乐与仁紧紧联系起来,认为没有仁德的人,根本谈不上什么礼乐的问题。我们常讲仁是内在的觉悟,而礼是外在的规范。其实,这个外在的规范也要以内在的觉悟为前提的,否则于个人来说就会表里不一、言行不一,于社会来说就会流于浮夸、伪诈。

所以,当林放问到礼的根本时,夫子很高兴,大加赞赏,我们继续往下读——

【原文】

3·4 林放问礼之本。子曰:"大哉问!礼,与其奢也,宁俭;丧,与其易也,宁戚。"

【讲述】

林放问什么是礼的根本。孔子回答说:"你问的问题意义重大啊!就礼节仪式的一般情况而言,与其奢侈,不如节俭;就丧事而言,与其仪式上治办周备,不如内心真正哀伤。"

这一则记载了鲁人林放向孔子的问礼。也许是因为林放看到了当时鲁国的一些繁文缛节、政令条文都流于形式,他想,如果这就是所谓的"礼",那么"礼"的真正意义又在哪里呢?所以林放才会问孔子"礼之本"的问题。孔子显然很高兴,称赞他说:"大哉问!"问得很好啊,问得有意义啊!可孔子又似乎没有正面回答他,孔老师接连用了两个"与其……宁……"这个关联词表取舍,取的是什么?是简约的形式,真诚的情感——这就是礼的根本啊。就拿最重要的丧礼来说吧,

根本是什么？是迎来送往、吹拉弹唱吗？不是，是我们的那颗孝心啊，如果我们对待与父母的生离死别都没有发自内心的悲戚的话，那么再隆重的丧礼还有什么意义？同样，一个国家也是，重要的是它的文化精神，而不在于政权的形式，所以就有了下文夫子"夷狄之有君，不如诸夏之亡也"的喟叹。面对名存实亡的国家治理体系，孔子表现出无限的忧思。可季氏的僭礼行为却有恃无恐，一日甚于一日。先是"八佾舞于庭"，接下来又要旅泰山。

【原文】

3·6 季氏旅于泰山。子谓冉有曰："女弗能救与？"对曰："不能。"子曰："呜呼！曾谓泰山不如林放乎？"

【讲述】

季孙氏去祭祀泰山。孔子对冉有说："你难道不能劝阻他吗？"冉有说："不能。"孔子说："唉！难道说泰山神还不如林放知礼吗？"

为什么季氏去爬个山孔子也要阻止呢？可夫子也说过"登东山而小鲁，登泰山而小天下"的话。关键就在这个"登"和"旅"的差别上，这里的"旅"可不是旅游，是祭的意思，而祭祀泰山是天子和诸侯的专权，季孙氏只是鲁国的大夫，他竟然也去祭祀泰山，可以说季氏全然没把鲁公和周天子放在眼里，这是摆明了要对着干了。所以，孔子找来弟子冉有问：你还能阻止他吗？冉有回答：不能。这时的冉有深得季氏器重，被聘为家臣，可别小看这个大管家，当时所谓的"陪臣执国命"，说的就是管家一类的人实际操纵着国家的命脉。后来，冉求为季氏敛财，孔子气愤地说："非吾徒也。小子鸣鼓而攻之可也。"公然提出要断绝师生关系，号召弟子们大张旗鼓地讨伐冉有。当然，这是后话了。

前面我们提到是季氏和冉有把孔子迎回父母之邦的，可孔子并没有迁就他们,面对季氏的僭越行为孔子大义凛然地予以抨击,对待冉有无原则地"助季为虐",孔子更是不惜以断绝师生之谊来表明自己的政治立场,可见夫子无私恩,亦无私怨,他担的是礼乐文明,忧的是家国天下。

第二十一讲:礼是什么颜色

【原文】

3·8 子夏问曰:"'巧笑倩兮,美目盼兮,素以为绚兮。'何谓也?"子曰:"绘事后素。"曰:"礼后乎?"子曰:"起予者商也!始可与言《诗》已矣。"

【讲述】

话说,有一天卜商同学正在读《诗经》,当他读到《卫风·硕人》篇"巧笑倩兮,美目盼兮,素以为绚兮"这几句时,就很有感觉。很明显,这几句诗是描写女孩子的——带酒窝的脸庞笑得真好看呀,黑白分明的眼睛转得媚啊,穿上白色的衣裳更漂亮了。这几句话意思很直白嘛,有什么好问的? 也许是正值青春期的子夏同学联想丰富了点,就随口问了一句:"老师,这几句话是什么意思呢?"孔老师就回了句:"绘画时最后才上白色。"子夏又问:"那么,是不是说礼也是后起的事呢?"孔子说:"商,你真是能启发我的人,现在可以同你讨论《诗经》了。"

前面几句诗意思很浅显,可是用词极精妙。何谓"巧笑",如何笑才是"巧"? 只可意会不可言传,其实也无讨论的必要,在心里好好玩味一下就是了。也许孔老师想的和子夏问的没在一个频道上,孔老师答了四个字:绘事后素,朱熹又加了一个字——绘事后于素,就是说绘画是在白色的底子上画出七彩的画图。可也有学者不同意此解,认为是绘画是先画出五彩斑斓的图画,最后再画上白色。从今天考古发掘的一些古代画作看,帛绢的确是咖啡色的,也就是说古人是先画上赤橙黄绿青蓝紫,最后才画上白色的。当然,不管做何种解释,都可以过渡到"礼后乎"这一句上来,但是分歧在于,按前解礼就成为彩色了,按后解礼就成为白色了。这才是问题的关键。我取后者,礼不是五颜六色,礼是纯白色的。这才是孔子真正赞赏卜商的地方,也许孔子讲了一辈子的礼,也从来没有想过礼是什么颜色的问题。

为什么说礼是白色的?因为彩色在于"文",文饰,礼是用来文过饰非的吗?这与后面孔子的叹喟如出一气,孔子说:"礼乎礼乎,玉帛云乎哉?乐乎乐乎,钟鼓云乎哉?"——礼啊礼啊,就是玉帛吗?乐啊乐啊,就是钟鼓吗?礼乐当然不是玉帛、钟鼓,礼乐更不是五彩,不是用来绘彩的,而是用来表达人内心最真诚的感情的,如果离开了内心真诚的情感,这礼乐还有存在的价值吗?所以说,礼是后起的,它只能建立在人纯朴的本色之上,让人真实的感情有一个适当的表达,这才是礼的功用嘛。所以孔子一高兴,才竖起大拇指,直夸子夏:子夏啊,你真是能启发我的人啊!

对子夏这么高的评价,在整部论语中可以说是独一无二的。前面子贡同学在和老师谈面对贫富的态度时引了一句《诗》"如切如磋!如琢如磨"。孔子很是赞赏,当时就说:"赐也!始可与言《诗》已矣,告诸往而知来者。"对比一下,我们不难看出,还是对卜商同学的赞赏更强烈些。

其实,我们作老师的,最幸福的事情莫过于此,韩愈讲"弟子不必不如师,师不必贤于弟子"在这里就有很好的体现。有时,与学生在探讨中相互补充,互相启发,这才是"教学相长"的真谛之所在。

即使伟大如佛陀者,当他拈花示众,面对众弟子的默然,唯迦叶尊者破颜微笑时,世尊也赞赏道:"吾有正法眼藏,涅槃妙心,实相无相,微妙法门,不立文字,教外别传,咐嘱摩诃迦叶。"其实,佛陀所传的正是一种至为祥和、宁静和美妙的心境,这种心境纯净无染、无欲无求、无拘无束、圆融超脱,只能感悟和领会,不需要用言语表达。而迦叶的微微一笑,正是以心印心的最好体现。有时,教学互相启发的一句话语,心有灵犀的一个微笑,都可以让我们体悟到花开时的美妙境界。

第二十二讲:知礼的孔子

【原文】

3·9子曰:"夏礼,吾能言之,杞不足征也;殷礼,吾能言之,宋不足征也。文献不足故也。足,则吾能征之矣。"

【讲述】

孔子说:"夏朝的礼,我能说出来,(但是它的后代)杞国不足以证明我的话;殷朝的礼,我能说出来,(但它的后代)宋国不足以证明我的话。这都是由于文字资料和熟悉夏礼和殷礼的人不足的缘故。如果足够的话,我就可以得到证明了。"

从孔子这段充满自信的表白我们可以看出,他对夏商周三代的"礼"是非常熟悉的,所以,他才会对前文提到的种种僭礼行为多有指责,他多么希望当权者可以"克己复礼",希望人们都能恪守礼法规范,可惜当时僭礼的人实在太多了。也许,孔子在批评指责这些行为时,都会提到尧舜禹如何如何,文王周公如何如何。这时,就有人说了,凭啥呀,上古的事儿你咋知道呢?谁信啊?弄得孔子很尴尬,于是孔老师就说:我说的都是真的,只是古代流传下来的文献不足的缘故,要是有这些文献的话,我一定会证明给你们看。也许是这样的原因,才有了孔子的洛邑之行,他要到当时东周的首都——洛邑(今天的洛阳)去拜访当时国家图书馆的馆长老子,除了老子是周礼方面的专家这个原因外,再就是老子的藏书室藏有大量古代珍贵的文献资料,这正是孔子梦寐以求的。从这段话,我们可以看到一个对待学问实事求是的孔子,一个对待知识孜孜以求的孔子。

【原文】

3·15 子入太庙,每事问。或曰:"孰谓鄹人之子知礼乎?入太庙,每事问。"子闻之,曰:"是礼也。"

【讲述】

太庙,原指君主的祖庙,这里指鲁国的太庙,即周公旦的庙,供鲁国祭祀周公。鄹,春秋时鲁国地名,又写作"陬",在今山东曲阜附近。"鄹人之子"指的是孔子。《史记·孔子世家》:"孔子生鲁昌平乡郰邑。""鄹人"指孔子的父亲叔梁纥,他曾作过鄹大夫,古代常把某地的大夫称为某人,因之这里也把鄹大夫叔梁纥称为"鄹人"。

上文我们提到孔子的东周问礼,这次是说孔子到了鲁国的太庙,每件事都要问。有人说:"谁说叔梁纥的儿子懂得礼呀,他到了太庙里,什么事都要问别人。"孔子听到此话后说:"这就是礼呀!"

孔子对周礼十分熟悉,可他来到太庙却每件事都要问别人,这时就有人就对他是否真的懂礼表示怀疑了。其实,孔子讲"吾十有五而志于学,三十而立",主要就是"立于礼",也就是说三十岁的孔子经过十五年的学习,已经成为一个"礼"学专家了,而替别人主持殡丧等事务也成为孔子主要的经济来源。《孔子家语》中记载了这样一则故事,楚王渡长江的时候,江中有个怪物像斗那样大,圆状、红色,径直向王舟碰过来。船夫把它取上来。楚王对此感到很奇怪,问遍了大臣,都不认识。楚王派使者访问鲁国,就这件事向孔子请教。孔子说:"这就是所谓的萍草的果实,可以剖开而食,是吉祥物,只有能称霸的国君才能获得。"从这则故事我们可以看出,孔子的学识影响已超出国界,俨然是"国际专家"了。而这里孔子并不以"礼"学专家自居,而是虚心向人请教,这并不是"知之为知之,不知为不知",并是不懂装懂或是懂装不懂,孔子的言行体现了他对周礼的恭敬态度。其实,礼的核心是什么?就是自卑而尊人。所以,面对别人的误解,孔子只是回了一句:我这样做,正是礼的精神所在啊!

第二十三讲:雅乐孔子

【原文】

3·20 子曰:"《关雎》,乐而不淫,哀而不伤。"

【讲述】

孔子说:"《关雎》这首诗,快乐而不放荡,忧愁而不哀伤。"

前文主要记述了孔子对礼的论述,接下来谈诗与乐。孔子教育的价值取向是培养文质彬彬、德才兼备之君子,教育的基本路径是"志于道,依于仁,据于德,游于艺"。可见孔子很重视对学生的艺术教育。

孔子对《诗》的评价就是三个字"思无邪"。第一篇《关雎》是一首地道的情诗,译成白话,就一个字——"追"!可追不上啊,求之不得,回到家就辗转反侧了;那要是追得上呢,就"琴瑟友之""钟鼓乐之"。这本与"思无邪"并不相干,但孔子却从中体悟到"乐而不淫、哀而不伤"的中和之美。《中庸》讲:喜怒哀乐之未发谓之中,发而皆中节谓之和。中也者,天下之大本也;和也者,天下之达道也。致中和,天地位焉,万物育焉。也就是说,喜怒哀乐的情绪不起,一念不生,就是"中",也就是佛家讲的"空",既是摩诘诗"人闲桂花落,夜静春山空"之物境,亦是寒山诗"我心如秋月,寒潭清皎洁"之心境。而一念不起,那是佛陀的境界,凡夫是难以做到的,喜怒哀乐的情绪如风吹树梢,"树欲静而风不止",那就要做到"和",就是中和,不要过度。中医认为:怒伤肝、喜伤心、忧伤肺、思伤脾、恐伤肾。任何一种过度的情绪对身心的和谐都是不利的。可见,"乐而不淫,哀而不伤"的养心术是儒道一理的。

接下来,孔子继诗之后,再来谈论乐。请看下文——

【原文】

3·23 子语鲁大师乐,曰:"乐其可知也:始作,翕如也;从之,纯如也,皦如也,绎如也,以成。"

【讲述】

孔子对鲁国乐官谈论演奏音乐的道理说:"奏乐的道理是可以知道的:开始演奏,各种乐器合奏,声音繁美;继续展开下去,悠扬悦耳,音节分明,连续不断,最后完成。"

琴、棋、书、画是中国自古以来谦谦君子必须掌握的四种技艺,琴艺居四艺之首。所谓"兴于诗,立于礼,成于乐",音乐是孔门教育的最终完结。孔子本人是有着很高的音乐素养的,既能演奏,如鼓琴、击磬、鼓瑟,又能歌咏,《诗经》"三百五篇,孔子皆弦歌之"。

年轻的孔子敏而好学,不耻下问。他曾学礼于老子,学琴于师襄子。《史记·孔子世家》中记述了孔子学琴于师襄子的故事。师襄子教了孔子一首曲子后,他每日弹奏,手法渐至熟练。过了十天,师襄子对他说:"这首曲子你已经弹得很不错了,可以再学一首新曲子了!"孔子站起身来,恭恭敬敬地说:"我虽然学会了曲谱,可是还没有学会弹奏的技巧啊!"又过了许多天,师襄子认为孔子的手法已经很熟练,乐曲也弹奏得更和谐悦耳了,就说:"你已经掌握了弹奏技巧,可以再学一首新曲子了!"孔子说:"我虽然掌握了弹奏技巧,可是还没有领会这首曲子的思想情感!"又过了许多天,师襄子来到孔子家里,听他弹琴,被他精妙的弹奏迷住了。一曲终了,师襄子长长吁了一口气说:"你已经领会了这首曲子的思想情感,可以再学一首新曲子了!"孔子还是说:"我虽然弹得有点像样子了,可我还没有体会出作曲者是一位怎样的人啊!"又过了很多天,孔子请师襄子来听琴。一曲既罢,师襄子感慨地问:"你已经知道作曲者是谁了吧?"孔子兴奋地说:"是的!此人身躯魁梧,脸庞黝黑,他仰望天空,心怀天下。他莫非是周文王吗?"师襄子赶紧离席拜谢,既惊讶又敬佩,激动地说:"你说得很对!我的老师曾告诉我,这首曲子就叫作'文王操'。你百学不厌,才能达到如此高的境界啊!"从《史记》的这段记载来看,年轻的孔子对待礼、乐是孜孜以求的,他在音乐上的修为,让当时最出色的琴师师襄子都辟席再拜,折服赞叹。

【原文】

3·25 子谓《韶》:"尽美矣,又尽善也。"谓《武》:"尽美矣,未尽善也。"

【讲述】

孔子讲到"韶"这一乐舞时说:"艺术形式美极了,内容也很好。"谈到"武"这一乐舞时说:"艺术形式很美,但内容却差一些。"

孔子在这里谈到对艺术的评价问题。他很重视艺术形式的美,更注意艺术内容的善。很可惜,《韶》《武》这些上古的乐曲都没能流传到

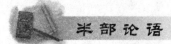

今天,我们只能去臆断一下,《韶》乐据说是歌颂大舜的,我们知道舜是受尧的"禅让"而居有天下的,所谓"垂拱而天下治",这正是为孔子所推崇的。而《武》是歌颂周武王,武王伐纣,虽是吊民伐罪,毕竟是"征伐自诸侯出",是典型的"以下犯上",多少都有些遗憾的,所以孔子觉得"尽美矣,未尽善也"。

冯友兰先生将人生定义为四重境界,依次是自然境界,功利境界,道德境界,天地境界。而儒学教育的意义就在于把人从自然状态的人培养成一个具有社会属性的人,而终极意义就在于超越功利境界和道德境界,达到了"与天地同参"的天地境界,而这样的境界,正是圣贤的境界。

雅乐的真正意义就是在于让我们微笑着面对尘世的种种不公与不幸,使我们更具优雅的情怀和潇洒的气度,让我们用真诚、悲悯的心怀去发现生活之美和生命之美,让我们诗意地栖居于大地之上。

第二十四讲:祭如在

【原文】

3·12 祭如在,祭神如神在。子曰:"吾不与祭如不祭。"

【讲述】

这段话的意思是说,祭祀祖先就像祖先真在面前,祭神灵就像神灵真在面前。孔子说:"我不赞同那种祭祀时就像没在祭祀的态度。"这一个"如"字用得妙,就像"如来"的名号一样,如来如来,好像来了,又好像没来。在整个《论语》二十篇中,孔子很少提及鬼神之事,他说:"敬鬼神而远之。"这里孔老师并没有说鬼神有还是没有,只是告诉我们,只要你有一颗虔诚的心,就可以"通灵",就可以获得某种神秘而强大的精神力量。

后面一句,有人译为"我如果不亲自参加祭祀,那就和没有举行祭祀一样。"我认为分歧主要在断句,如果断为"吾不与祭,如不祭"。就译为:我(指孔子本人)如果没有亲自参与祭祀,就等与没有祭祀。我觉得这样讲不太符合夫子说话的风格,太绝对了,孔子说自己一生致力于"四绝":毋意,毋必,毋固,毋我。就是说杜绝四种弊端:不要想当然,不要绝对化,不要固执,不要太自我。如果说自己没有亲自参加就等于没参加,那岂不是太绝对、太自我了吗?后面我们还要讲"侍坐"篇,当时侍坐的有子路、曾皙、冉有、公西华,夫子抛出了一个话题——你们平时总在说,没有人知道我呀!如果有人知道你们,那么你们打算怎么办呢?当曾皙讲到"莫春者,春服既成,冠者五六人,童子六七人,浴乎沂,风乎舞雩,咏而归"时,夫子喟然叹曰:"吾与点也。""与"当赞同讲。就是说夫子深有感触地说:我赞同曾皙同学的志向,由此推知,这句的意思是:我不赞同那种祭祀时好像没在祭祀的(漫不经心的)态度。此句应断为:吾不与,祭如不祭。

《左传》讲"国之大事,在祀与戎"。对于一个国家来讲,两件大事——祭祀与战争,而祭祀居首位。为什么呢?战争胜负可决定一个国家的存亡,有比这还重要的吗?有!那就是祭祀。也许今天的我们已经很难理解了,我个人以为,这里的祭祀主要是代表着一个国家、一个民族精神的传承与文化的延续,而国家仅是一种政权的形式,文化却是我们这个民族得以生生不息的精神之源。所以,孔子才会感叹:夷狄之有君,不如诸夏之亡也。在这里,孔子主要是强调祭礼虔敬的态度。这里的"鬼"可理解为祖先,"神"可理解为神灵。接下来——

【原文】

3·13 王孙贾问曰:"'与其媚于奥,宁媚于灶。'何谓也?"子曰:"不然。获罪于天,无所祷也。"

【讲述】

王孙贾问道:"(人家都说)与其奉承奥神,不如奉承灶神。这话是什么意思?"孔子说:"不是这样的;如果得罪了天,那就没有地方可以祷告了。"

王孙贾是卫灵公的大臣,时任大夫,掌管军队,是卫国最有权势的人物。他和孔子的这段对话应当发生在孔子周游列国之时。当孔子到达卫国时,卫灵公的夫人南子很想拉拢孔子,就派人对孔子说:"天下的君子凡看得起我们卫国、想和我老公做兄弟的就一定要来见我,我现在愿意见见你。"孔子思量再三后就去见了南子。据《史记》的记载是南子当时是在一座用细葛布做成的帐篷里,孔子进门后就冲着北面行礼,等孔子行完礼后南子又在那座帐篷里拜了一次,以致弄得自己的首饰佩玉叮当直响。就这么简单,可子路却为此很不高兴,发脾气。弄得夫子有口难辩,真是尴尬人偏遇尴尬事,于是孔子就指天发誓说:我如果做了错事,就让上天厌弃我吧,就让上天厌弃我吧!每当读到这里,我都会哑然失笑,一个率真的,甚至说有点迂的夫子形象便会浮现眼前。

再回到这句话上来,当时王孙贾和南子当属于不同的阵营,他也站出来拉拢孔子。古人讲话,不会那么直接,不会说:你来吧,我给你好处,年薪多少多少之类的话。他只能很含蓄地拿这种"与其媚于奥,宁媚于灶"的俗语来试探孔子。媚就是谄媚、巴结、奉承的意思;奥指屋内位居西南角的奥神,是一家中最尊贵的神;而灶呢,这里指灶旁管烹饪做饭的灶神,虽然地位不高,却管着肚子吃饭的问题。所以王

孙贾就是明知故问了,潜台词很明显——你与其巴结国君和南子这些有名无实的人,还不如眼前我们这帮人实惠呢。

孔子是如何作答的呢?他说啊,一个人得罪了上天,那向什么鬼神祷告也是没有用的了。很显然,孔子说得也是隐语,就是说我是个有天命的人,我做事情只问天理良心,而不会去想个人得失。所以下文的仪封人一眼就看出孔子是个不一般的人,跟孔子一个简短的会面后就对孔子的学生们说:天下之无道也久矣,天将以夫子为木铎。就是说:天下黑暗的日子也太久了,(圣人也该有得意的时候了),上天会把他老人家当作民众的导师哩。

据《史记》记载,孔子在周游列国时,曾有两次险些遇难,一次是被匡人所拘,一次是为桓魋所逐。当时形势十分危急,孔子都是拿出"天"来说事,他说上天把美好的德行赋予我,我有天命把这种文明传下去,如果上天不想让这种文明中断的话,他们这些人又能拿我怎么样呢?从这些话中我们可以读出孔子的真性情,也可以读出孔子对自己人生理想的执着与坚定。那么"天命"到底是什么?用现代的话说,就是人生的终极目的,孔子是一个文明的传承者,一个民众的唤醒者,但他不是一个宗教家,他不能老拿鬼神、天命说事,但我们可以看出,孔子内心深处是虔诚而笃信的,否则,一生辛苦,所为何来?

第二十五讲:民主的呐喊

【原文】

3·18 子曰:"事君尽礼,人以为谄也。"

【讲述】

孔子说:"我完全按照做臣子的礼节去事奉君主,别人却以为这是谄媚呢。"

孔子一生都致力于"克己复礼"的政治努力中,他本人更是身体力行,以周礼去事君,这是他的政治伦理信念。但却受到时人的讥讽,认为他是在向君主谄媚。这表明,在孔子所处的时代,已经没有多少人再重视君臣之礼了。那么如何建立和谐的君臣关系呢?就有了下文定公与孔子的对答了。

【原文】

3·19 定公问:"君使臣,臣事君,如之何?"孔子对曰:"君使臣以礼,臣事君以忠。"

【讲述】

定公,鲁国国君,姓姬名宋,定是其谥号。公元前509~前495年在位。定公在位的十五年,鲁国国政已然落入"三桓"(季孙氏、孟孙氏、叔孙氏)之手,定公基本上是个傀儡君主。而这时的孔子兴办私学,在鲁国已有相当的影响力,特别是孔子讲的"君君,臣臣,父父,子子"那一套,他很感兴趣,于是就请孔子出山。也正是在他的大力提携之下,孔子才会在三年的时间内由一个下层小吏做到了中都宰(即中都这个地方的行政首长),而后又升任司空(约等于建设部长)司寇(约等于司法部部长)。特别是在夹谷会盟以后,孔子"有文事必有武备"的外交策略,为定公挽回了面子,并且从齐国手中收回了汶阳之地,这时定公对孔子的信任达到顶峰,让孔子"摄行相事",就是代理宰相。定公也想借助孔子的能力对"三桓"加以制衡,于是欣然支持孔子"隳三都",即拆毁"三桓"领地所建的城堡,后来"隳三都"的行动半途而废,功败垂成,孔子与三桓的矛盾也随之暴露。也正是在这种境况下,孔子才在不得已离开了鲁国,开始了周游列国的旅程,这一年,孔子

55岁。可以说这位鲁定公是孔子的"萧何",成也定公,败也定公。

这天,鲁定公问了孔子一个问题:"君主应当怎样役使臣下,臣子应当怎样事奉君主呢?"孔子回答说:"君主应该按照礼的要求去使唤臣子,臣子应该以忠来事奉君主。"

"君使臣以礼,臣事君以忠",这是孔子君臣之礼的主要内容。只要做到这一点,君臣之间就会和谐相处。从本章的语言环境来看,孔子还是侧重于对君的要求,强调君应依礼待臣。从这句话我们可以看出孔子朴素的民主思想,即权利和义务都是相互的,都是对等的。绝对没有所谓的"君要臣死臣不得不死,父要子亡子不得亡""皇上圣明,罪臣当诛"之类的混蛋逻辑。后来的孟子则直接说:"君之视臣为手足,则臣视君如腹心;君之视臣如草芥,则臣视君如路人;君之视臣如犬马,则臣视君如寇仇。"更让我们感受到孔孟的民主呐喊,那种"一点浩然气,千里快哉风"的痛快淋漓,岂是后来的"学成文武艺,货于帝王家"的名利之辈所能相提并论的?

我们批判孔子的"君君,臣臣,父父,子子",其实也真冤枉他老人家了。"君君,臣臣,父父,子子"有问题吗?从语法上来讲,第一个君是名词,第二个君活用做动词,就是说君主要有个君主的样子,臣子要有个臣子的样子;父亲要有个父亲的样子,儿子要有个儿子的样子。甚至在两者之间再加上个"只有……才……",就变成条件复句了。那这句话就成:只有君主有个君主的样子,臣子才有个臣子的样子;只有父亲有个父亲的样子,儿子才有个儿子的样子。那么君臣父子就成了相互制约的关系。这才符合儒家的一贯主张,即反求诸己。

鲁定公老想如何役使臣下,还向孔老师请教权术,我们的夫子如果大谈什么御臣之道,那就不是我们可敬的夫子了。就像我们做老师的,总是希望学生可以尊重自己,可我们真的应该多想想——我做到

学高为师，身正为范了吗？我们的一言一行可以做孩子们的表率吗？如果我们真的做到了为人师表，又何愁不能赢得学生的尊重？"君使臣以礼,臣事君以忠",其实,不只限于君臣、父子,夫妇、师生、长幼又何尝不是如此呢？你以一颗诚敬之心待人,别人也自然会以一颗真心待你。

第二十六讲：挨骂的宰我

【原文】

3·21 哀公问社于宰我。宰我对曰："夏后氏以松,殷人以柏,周人以栗。曰:'使民战栗。'"子闻之,曰:"成事不说,遂事不谏,既往不咎。"

【讲述】

鲁哀公问宰我,作社主用什么木。宰我答道："夏代用松木,殷代用柏木,周代用栗木,意思是使百姓战栗。"孔子听到了这话,（责备宰我）说："已经做了的事不便再解释了, 已经完成的事不便再挽救了,已经过去的事不便再追究了。"

我们一提到孔子,可能首先会想到"温良恭俭让"这几个字,眼前会浮现一张溢满阳光的笑脸。可这天温和的孔老师却骂人了,起因仅仅是因为宰我同学大白天睡觉。原文是这样的:宰予昼寝,子曰:"朽木不可雕也, 粪土之墙不可圬也。于予与何诛！"（《论语·公冶长第五》）宰予大白天睡觉。孔子说:"腐烂的木头不可以雕刻啊,用粪土垒砌的墙面不堪涂抹啊！对于宰予这样的人,还有什么好责备的呢？"古文虽然典雅,但也是脏话啊,粪土是什么？不就是狗屎吗？这不就是说死狗拖不了墙上,拖了墙上还是死狗吗？当老师的,哪有把学生往死里说的呢,看人哪能三岁看到老呢? 这也许是一时气话。可我们往下来看——子曰:"始吾于人也,听其言而信其行;今吾于人也,听其言而观其行。于予与改是。"意思是说:以前我这个人很天真,听到别人怎么说便会相信他会这样去做,但现在啊,我不再这么天真了! 我现在是听到别人说了之后还会认真观察他是不是真的这样去做了。为什么我会这样呢? 是因为宰我启发了我。从这句话里面我们可以看出,孔老师已经把宰我贬得很低了! 明摆着说宰我是个言行不一的虚伪小人嘛!

可我们也知道宰我是孔门三千弟子中的佼佼者,在言语科里,宰我的大名居然名列大富豪、大辩士子贡之前,其口才厉害程度可见一斑。通读《论语》我们就会发现:宰我确是个人才,是孔门中的另类,他不唯书、不唯师,敢于提出自己的观点,尤其可贵的是他敢于坚持自己的观点。

在那个时候,孔子主张父母死掉以后,子女要为父母守丧三年。但宰我不认同这个主张。宰我问:"服丧三年,时间已经长了。君子三年不行礼仪,礼仪必然败坏;三年不演奏音乐,音乐就会崩溃。旧谷吃完,新谷登场,钻燧取火的木头轮用了一遍,一周年可以结束它了。"宰我同学的这段话观点明确,论据翔实,逻辑清晰,确实很有道理。孔子没办法驳斥他,只好问:"一年后就吃稻米饭,穿锦衣,你心安吗?"宰我说:"心安。"孔子说:"你心安就那样去做吧! 君子守丧,吃美味不觉得甘美,听音乐不觉得快乐,日常生活都觉得不安,所以不那样做。如今你心安,就那样去做吧!"这次辩论也就到此为止了,可宰我出去后,孔子又加了一句:"宰我真是不仁啊! 孩子生下来长到三岁,然后才离开父母的怀抱。三年丧期,这是天下通行的丧礼。宰我对他的父母有三年的敬爱之情吗?"于是孔老师就把"不仁"的大帽子扣到宰我头了,确实狠了点。可我觉得,孔老师也是一时气话,为什么呢?面对宰我的质疑,老师本就很难辩驳,只好问:守丧一年,你心安吗?孔子肚子里想宰我肯定会回答心不安的,毕竟是父母死掉了嘛。谁知宰我竟然回答道:"我心安得很。"于是孔子只有气得瞪大眼睛说:罢罢罢,你心安就那样做好了!

宰我不仅敢于质疑,还敢于问难。有一次,宰我问孔子:"仁者,虽告之曰:'井有仁焉。'其从之也?"子曰:"何为其然也?君子可逝也,不可陷也;可欺也,不可罔也。"(《论语·雍也》)宰我一直对孔老师的"仁"不怎么信服,于是就设计了刁钻的一个问题——假如告诉仁者说:"'井里有个仁人啊!'他会不会跟着跳下去啊?"孔老师当然是辩才无碍,回答说:"君子会去救人,却不会自己陷进去;可能会被欺骗,但不会像你说的那样受愚弄。"这话答得是很巧妙,可没有正面回答问题,多少有些牵强。

每当我读到这一段,都会感受到宰我同学鲜明的个性,就像我教学多年,宰我类的学生也遇到过不少,虽然不招老师喜欢,依然如故,我思故我在。其实,有时想想,老师又不是圣人,凭什么你说什么就得是什么呀?从经验来看,上学时很听话的学生将来也未必有出息,相反一些调皮鬼、捣蛋精后来倒发展得蛮不错。

可就是这样一位有独立思考能力,不唯书,不唯上的宰我,却老是遭到孔子的批评,责骂。我注意到,在《论语》里面,孔老师基本上是逢"我"必驳,宰我无论说了什么话,都要被狠狠地批。这一回也不例外,鲁哀公问宰我社神的神主用哪一种树木,宰我回答"夏松殷柏周栗",然后又加了一句"使民战栗"。这后一句纯粹是宰我自己发挥的,这就是口才。孔子知道了就很生气地说:"已经做了的事不便再解释了,已经完成的事不便再挽救了,已经过去的事不便再追究了。"因为,我们知道，孔子是十分推崇周礼的，对宰我的这一节外生枝当然很是反感，可是毕竟宰我说得有道理，于是孔老师只好说：算了吧，既成事实了还讲它干什么？

孔子和学生的关系其实是很微妙的。宰我虽然言辞锋利，思维活跃，多次让孔子不高兴。但孔子是何等人，怎么能不理解和接受宰我呢？所以晚年的孔子还是经常念叨宰我，宰我能列入孔门十贤，那可能也是孔子经常念叨的结果吧。

第二十七讲：管仲的是与非

【原文】

3·22 子曰："管仲之器小哉！"或曰："管仲俭乎？"曰："管氏有三归，官事不摄，焉得俭？""然则管仲知礼乎？"曰："邦君树塞门，管氏亦树塞门。邦君为两君之好，有反坫，管氏亦有反坫。管氏而知礼，孰不知礼？"

【讲述】

孔子说："管仲这个人的器量真是狭小呀！"有人说："管仲节俭吗？"孔子说："他有三处府第，他家里的管事也是一人一职而不兼任，怎么谈得上节俭呢？"那人又问："那么管仲知礼吗？"孔子回答："国君大门外有屏，管仲家大门外也有屏。国君宴会，堂上有放空酒杯的土几，管仲也有这样的土几。如果说管仲知礼，那么还有谁不知礼呢？"

在前面我们讲到，要把《论语》当成一篇大文章来读，"学而"是体，"为政"是用，"八俏"是表，"里仁"是里。这里孔子为什么要批评管仲？这和前文对"八俏舞于庭"的季氏、"以《雍》彻"的"三家"的批评是一以贯之的，就是因为他们有违"礼"。因为孔子的政治诉求是"克己复礼"，为什么会有"三家"今天的乱政？其根源大约可以追溯到管仲这里。

管仲，姓管名夷吾，齐国人，春秋时期的法家先驱，齐桓公的宰相，辅助齐桓公成为春秋时代第一个霸主，"九合诸侯，一匡天下"。而现今很多人对管仲的认知，是因为后来出现了一个超级粉丝——诸葛亮。诸葛亮平生的偶像有两个，一为管仲，另一个是乐毅。所以他的"口头禅"就是：每自比于管仲乐毅！

可就是这样一位超级牛人，在这里却被孔老师贬得一无是处，缺点主要有三：一是器小，二是不俭，三是不知礼。首先是器小，所以易盈。易盈就会志满意得，排场大，架子也大，在一些生活的细节上就忘了君臣之礼，忘了为臣之道。本来，凭管仲的才能完全有可能辅佐齐桓公，让周王朝重新上轨道，实现国家的中兴，可是他只沉浸在自己的辉煌业绩中，没有更大的政治抱负，所以真的很让孔子很失望。

到了汉代的儒生公孙弘，以布衣而取卿相，位极人臣。但他生活却非常节俭，于是就有大臣当着他的面对汉武帝说："弘位在三公，俸禄甚多，然为布被，此诈也。"也就是说公孙弘位极人臣，却穿着布衣，实在是作秀。汉武帝问公孙弘可有此事，他回答说："臣下听说管仲为齐相，有三处豪华的宅院，奢侈如同国君，齐桓公称霸诸侯，也随之僭越了做国君的礼数。而晏婴为齐景公相，食不重肉，妾不衣丝，齐国得到很好的治理。晏婴向下和百姓看齐，现在我身为御史大夫，吃穿也应该与一般小吏没有什么差别。"公孙弘的这番辩解很是精彩，他拿管仲和晏子做对比，表白自己的心迹，就是眼睛向下看，尽为臣之礼，身体力行，做百姓的表率。老子说："吾有三宝：一曰慈；二曰俭；三曰不敢为天下先。"而这三宝，管仲一样也没有！

　　可在后面的《宪问》篇中,孔子却充分肯定了管仲辅佐齐桓公的功绩,认为他是称得上仁的,且是讲究大信的,不像普通人拘泥于小信义。一次是子路曰:"桓公杀公子纠,召忽死之,管仲不死。"曰:"未仁乎!"子曰:"桓公九合诸侯,不以兵车,管仲之力也。如其仁!如其仁!"一次是子贡曰:"管仲非仁者与? 桓公杀公子纠,不能死,又相之。"子曰:"管仲相桓公,霸诸侯,一匡天下,民到于今受其赐。微管仲,吾其被发左衽矣!岂若匹夫匹妇之为谅也,自经于沟渎,而莫之知也!"我们知道,孔子是很少用"仁"来评价一个人的,在他的弟子中,能够称得上"仁"的,也就只有颜回一人而已,其他的一概回复"不知其仁也"。可在这里却连续重复了两次"如其仁!如其仁!",对管仲交口称赞。

　　为什么会这样? 就在于管仲对这个国家,对这个民族是有大贡献的,他辅佐桓公"九合诸侯""一匡天下"却"不以兵车",也就是说是靠齐国的实力而非战争来实现的。我们知道,打仗总是要死人的,而且死得多是年轻人,一场战争下来,不知要增添多少鳏寡孤独。就像杜甫"三吏""三别"中所描绘的那样,战争带给人民的痛苦真的是无以复加的了。而齐国在管仲的治理之下成功崛起,却避免了战争,这真是了不起的事情。所以对于管仲,孔子进行了客观的评价,一方面指出他私德方面的缺失,另一方面又肯定他辅佐齐桓公成就霸业,安定天下的贡献。这和孔子"君子不以言举人,不以人废言"的观点是一致的,也是符合孔子在《论语》中多次提到的"恕"道的。

里仁篇

本篇包括 26 则。是以"仁"为主题的孔子的语录。"仁"是儒家思想的精要。本篇主要内容涉及义与利的关系问题，个人的道德修养问题，孝敬父母的问题以及君子与小人的区别等，包括了儒家的若干重要范畴、原则和理论，对后世都产生过较大影响。

第二十八讲：里仁为美

【原文】

4·1 子曰："里仁为美，择不处仁，焉得知？"

【讲述】

孔子说："人能居于仁道，这是最美的了。若择身所处而不择于仁，哪算是智呢？"

"里仁"上承"八佾"，前篇谈礼，本篇讲仁。"里仁"是本篇纲目，所谓纲举而目张。里，邑也，谓居于仁为美。很多译者将此句译为：居住在有仁德的地方是美好的。为什么？因为"近朱者赤，近墨者黑"嘛。孟母为什么要三迁？就是要"择邻处"，这就是"里仁为美"的最好注脚了。

但是我们静下心来仔细想想，是要住在有仁爱的地方吗？孔子又不做房地产,又不卖房子?干吗要和我们讨论住哪里的问题?住在有仁德的地方,那干脆住仁爱路、崇德巷好了。其实,我个人的理解是:身住哪里并不重要,重要的是心住在哪里。所谓"食无求饱,居无求安",安的是什么?当然不是这个七尺之躯,而是这颗心,正所谓"此心安处是吾乡"。

当年,二祖慧可立雪断臂于达摩门前,只为安心。他对祖师说:"我心未宁,乞师与安。"师答:"将心来,与汝安。"慧可沉吟好久,答道:"觅心了不可得。"师道:"我与汝安心竟。"慧可当即豁然大悟,心怀踊跃。慧可断臂,只为安心,达摩如何接引?拿心来,我给你安。慧可找遍全身,找不到心啊?当下顿悟。这就是禅宗的安心法门。儒家的安心法门在哪里?就是"里仁"这里,安住于仁。只有将此心安居于仁的境界里,才会有幸福美满的人生。为什么?因为——

【原文】

4·2 子曰:"不仁者不可以久处约,不可以长处乐。仁者安仁,知者利仁。"

【讲述】

接下来,孔子继续阐述这一思想,他说:"不仁的人,将不能久处在困约之中,亦不能久处在逸乐之中。只有仁人,自能安于仁道。只有智者,行仁可自利而利他。"

在这章中,孔子认为,没有仁德的人不可能长久地处在贫困或安乐之中,否则,他们就会为非作乱或者骄奢淫逸。只有仁者才能安于仁,也只有智者才会利于仁。读过鲁迅先生的《孔乙己》的都知道,孔乙己在遭人戏弄时常会说出些"难懂的话,什么'君子固穷',什么'者乎'之类",于是我们大家都记住了"君子固穷"这四个字,这也是出自《论语·卫灵公》篇,原句是——子曰:"君子固穷,小人穷斯滥矣。"当

时,孔子在陈国断了粮,跟随的人都饿病了,不能起身。子路愤愤不平
地见孔子说:"难道君子也有穷困的时候吗?"孔子回道:"君子安守穷
困,小人穷困便会胡作非为。"这正是"仁者安仁"最好的注脚。因为,
不仁的人怎么可能长处约? 在困顿之时,什么事不可以做? 在颠沛之
际,还会讲什么仁义道德? 当然,同样面对富贵荣利之境,可以做到不
忘初心的,也只有仁人志士,孟子所谓的"君子有终生之忧,无一日之
乐也",为什么? 就在于真正的仁者永远都怀有悲天悯人的大情怀,永
远都是"进亦忧,退亦忧"。

　　所以,只有仁者才可以安于仁。而智者呢? 当然是利于仁。在行仁
的道路上,自度度人,自利利他。在这方面,做到最好的当属陶朱
公——范蠡。他出身贫寒,但聪明睿智,胸藏韬略。他为越王策划"十
年生聚,十年教训"的复国之策,帮助勾践消灭吴国,成就霸业。然而,
范蠡深知"狡兔死,走狗烹;飞鸟尽,良弓藏;敌国破,谋臣亡"的道理,
于是果断地弃官而去。他辗转来到了齐国,改名换姓,在海边结庐而
居。他和妻儿"耕于海畔",种粮食,种蔬菜,养猪,养羊。由于他治家有
方,又善于经营,不几年就成了当地的大富豪。他怜贫恤苦,仗义疏
财,名气越来越大。齐王听说后就把他请进都城临淄,拜他做了相国。
范蠡在相国的位置上待了两三年,感叹地说:"居家则拥有千金之产,
居官则达到卿相之位,对于一个白手起家的老百姓来说,这已是到了
极点了。长久地处在尊贵的位置上,只怕不是吉祥的征兆啊。"于是将
相印归还齐王,把钱财分与知交好友及周边百姓,自己则带着妻儿悄
悄离去。后来又在陶地(今山东定陶西北)隐居下来。陶地东邻齐、鲁,
西接秦、郑,北通晋、燕,南连楚、越,居于"天下之中",是个理想的经
商之处。范蠡根据时节、气候、民情、风俗等,转运货物,"人弃我取,人
取我与",顺其自然,待时而动。过不多久,又成了大富翁。十九年中三

致千金。于是,他便自称"陶朱公"。渐渐地,陶朱公之富,名扬天下。

后来,范蠡百年之后便成了"财神",和关公并称文武财神。"聪明正直,死而为神",关公作为武财神,代表的是仁义,范公作为文财神,代表的正是智慧。这也可也以说是"仁者安仁,智者利仁"的最好表率了。

【原文】

4·5 子曰:"富与贵,是人之所欲也,不以其道得之,不处也。贫与贱,是人之所恶也;不以其道得之,不去也。君子去仁,恶乎成名?君子无终食之间违仁,造次必于是,颠沛必于是。"

【讲述】

孔子说:"富裕和显贵是人人都想要得到的,但不用正当的方法得到它,就不会去享受的;贫穷与低贱是人人都厌恶的,但不用正当的方法去摆脱它,就不会摆脱的。君子如果离开了仁德,又怎么能叫君子呢?君子没有一顿饭的时间背离仁德的,就是在最紧迫的时刻也必须按照仁德办事,就是在颠沛流离的时候,也一定会按仁德去办事的。"

这是《论语》中很富人情味的一句话,任何人都不会甘愿过贫穷困顿、流离失所的生活,都希望得到富贵安逸。但必须通过正当的手段和途径去获取。否则宁守清贫而不去享受富贵。"素富贵行乎富贵,素贫贱行乎贫贱,素夷狄行乎夷狄,素患难行乎患难",这种随遇而安、随缘自适的处世之风影响了中国士人数千年,在笑对人生、处逆如顺方面做得最出色的,我以为首推苏东坡,特别是他的一句"此心安处是吾乡"更是让人拍案叫绝。这是苏轼写给歌妓柔奴的,当时好友王巩受"乌台诗案"牵连被贬岭南,其歌妓柔奴毅然随行,归来之日,苏轼问及岭南风土,柔奴答以"此心安处,便是吾乡",苏轼听后,大受感

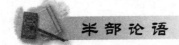

动,遂作词以赞之:"万里归来年愈少,微笑,笑时犹带岭梅香。试问岭南应不好,却道,此心安处是吾乡。"

"此心安处是吾乡",真有浮生若寄的大彻大悟之感,人生不过百代之过客,富贵荣利不是我们想要就能得到的,就像我们无法决定阴晴雨雪一样,但是我们可以决定自己的心情,做人做事,里仁为美,仰无愧于天,俯不怍于人,心安理得的生活才是理想的生活。

第二十九讲:仁者情怀

【原文】

4·3 子曰:"唯仁者能好人,能恶人。"

【讲述】

孔子说:"只有那些有仁德的人,才能爱人和恨人。"

儒家在讲"仁"的时候,不仅是说要"爱人",而且还有"恨人"的一方面。当然,孔子在这里没有说到要爱什么人,恨什么人,但有爱则必然有恨,二者是相对立而存在的。只要做到了"仁",就必然会有正确的爱和恨。

我们一提到孔子,可能脑海中首先浮现出的是"温、良、恭、俭、让"的长者形象,可孔子从来都不是"好好先生",前一章《八佾》就是在他的批评声中开始——"八佾舞于庭,是可忍也,孰不可忍也",在他的叹息声里结束的——"居上不宽,为礼不敬,临丧不哀,吾何以观之哉。"那些居于执政地位的人,不能宽厚待人,行礼的时候不严肃,参加丧礼时也不悲哀,这种情况我怎么能看得下去呢?我们在夫子的叹息声里可以读出他深沉的悲哀。

孔子创造性地提出"仁"这个核心理念，就是从正人心，再到移风俗，最后实现改造社会之目的。"仁"不仅可以让人明善恶，能好人，能恶人，而且还可以让人知是非，避恶趋善，改过迁善，也就是下文的——

【原文】

4·4 子曰："苟志于仁矣,无恶也。"

【讲述】

孔子说："如果立志于仁，就不会做坏事了。"

这是紧接上一章而言的。只要养成了仁德，那就不会去做坏事，既不会犯上作乱、为非作恶，也不会骄奢淫逸、随心所欲。而是可以做有益于国家、有利于百姓的善事了。可见，人性向善，只要真诚地面对自己，就会发现内心有一种力量，有一种声音，在要求自己安仁、行仁、利仁，"仁，远乎哉，吾欲仁，斯仁至矣"。仁并不遥远，就在我们心灵深处，可有时又远在天边，可望而不可即。为什么会这样？就在于不在知之难，而在行之难，所以孔子很伤心地说——

【原文】

4·6 子曰："我未见好仁者,恶不仁者。好仁者,无以尚之;恶不仁者,其为仁矣,不使不仁者加乎其身。有能一日用其力于仁矣乎?我未见力不足者。盖有之矣,我未之见也。"

【讲述】

孔子说："我没有见过爱好仁德的人，也没有见过厌恶不仁的人。爱好仁德的人，是不能再好的了；厌恶不仁的人，在实行仁德的时候，不让不仁德的人影响自己。有能一天把自己的力量用在实行仁德上吗？我还没有看见力量不够的。这种人可能还是有的，但我没见过。"

这又是夫子的一叹，前面因卫灵公感叹："我未见好德如好色者"，

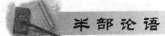

今又是一叹："我未见好仁者，恶不仁者"。可见行仁之难，门人三千，只有颜回"三月不违仁"，心生万念，念念相续，里仁虽美，但世事纷扰，能安居于仁，实是不易。

但孔子并没有失望，而是勉励我们——有能一日用其力于仁矣乎？我未见力不足者。盖有之矣，我未之见也。哪怕是用一整天的时间，安于仁，行于仁，我还没有见过力量不足的。这就是儒家给我们的信心，只要我们愿意，只要我们真诚，内心就会涌动无限的力量，让我们的人生向阳生长。所以，我特别希望在春天里，在清晨，和孩子们迎着初升的太阳，一起高声地诵读《论语》，那种光明峻伟之气就会充盈心胸，让人感到人生充满了希望。

我常想，每个人赤条条地来到这个人间，转眼间也将赤条条地回去，这期间，没有什么比改恶迁善更重要的了。可人们总是把宝贵的时间浪费在一些世俗琐碎的事务上，而忽略对自我的改造。其实，人的一生，最重要的就是自我反省，发现自己的过失，修补好自己的缺角，才是这世间第一要事。所以，孔子告诉我们，不要怕犯错，因为——

【原文】

4·7子曰："人之过也，各于其党。观过，斯知仁矣。"

【讲述】

孔子说："人们的错误，总是与他那类人所犯错误性质是一样的。所以，考察一个人所犯的错误，就可以知道他有没有仁德了。"

孔子认为，人之所以犯错误，从根本上讲是他没有仁德。有仁德的人往往会避免错误，没有仁德的人就无法避免错误，所以从这一点上，没有仁德的人所犯错误的性质是相似的。这从另一角度讲了加强道德修养的重要性。

前面我们讲过孔子与子路探讨的"六言六蔽":"好仁不好学,其蔽也愚;好知不好学,其蔽也荡;好信不好学,其蔽也贼;好直不好学,其蔽也绞;好勇不好学,其蔽也乱;好刚不好学,其蔽也狂"。就是说爱好仁德而不爱好学习,它的弊病是受人愚弄;爱好智慧而不爱好学习,它的弊病是行为放荡;爱好诚信而不爱好学习,它的弊病是危害亲人;爱好直率却不爱好学习,它的弊病是说话尖刻;爱好勇敢却不爱好学习,它的弊病是犯上作乱;爱好刚强却不爱好学习,它的弊病是狂妄自大。可见,我们每个人身上都存在人性的弱点,但只要我们正视这些弱点,在不断学习,反省,实践,自新的道路,就会达到"君子博学而日参乎己,则知明而行无过矣",就会领略到"那'仁'就在灯火阑珊处"的美妙境界了。

第三十讲:道可道

【原文】

4·8 子曰:"朝闻道,夕死可矣。"

【讲述】

孔子说:"早晨得知了道,就是当天晚上死去也心甘。"我认为这是整部《论语》最深沉的一句话。鲁迅先生用"朝花夕拾"来为自己的集子命名,既有哲学的深刻,更兼文学的浪漫。

这一段话常常被人们所引用。孔子所说的"道"究竟指什么呢? 可谓"仁者见仁,智者见智"。老子讲:"道可道,非常道。名可名,非常名。"释迦讲:"凡所有相,皆是虚妄。"可见,凡有名相的东西,都非事物本体,只是我们姑且那么叫它罢了。哈姆莱特有一句名言,叫"人是

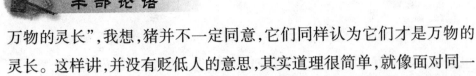

万物的灵长"，我想，猪并不一定同意，它们同样认为它们才是万物的灵长。这样讲，并没有贬低人的意思，其实道理很简单，就像面对同一条大河，我们认为这是一条河，可鱼儿呢？它可能认为那是它的家。在鸟儿眼中，那又会是什么样子？

孔子的"道"到底是什么？曾子认为"忠恕而已矣"。果真如此吗？我们往下看——

【原文】

4·15 子曰："参乎！吾道一以贯之。"曾子曰："唯。"子出，门人问曰："何谓也？"曾子曰："夫子之道，忠恕而已矣。"

【讲述】

这天下课后，孔老师把曾参同学叫下了，对他说："参啊，我讲的道是由一个基本的思想贯彻始终的。"曾子说："是。"我想，孔子一定是有话要讲。如果这时曾参像当年驾车的樊迟一样，问一句"何谓也"，夫子道："生，事之以礼；死，丧之以礼，祭之以礼"，从而我们可以断言"无违"就是无违"礼"，而不是无违父母。如果有这样一次对答，夫子的"一以贯之"也就不会成为千古之谜了。可是"参也鲁"，只回了一个字"唯"。这次智慧碰撞的火光就如灵光片羽，稍纵即逝了。等孔子出去之后，同学便问曾参："这是什么意思？"曾参说："老师的道，就是忠恕罢了。"

从这段对话，我们可以看出把夫子的"道"归结到忠恕二字上，是曾参的理解，并非孔子本意。忠恕之道是孔子思想的重要内容，"尽己之谓忠，推己之谓恕"，这是仁的基本要求，贯穿于孔子思想的各个方面。但我们如果把夫子之道，仅仅理解为忠恕的话，那我们么就没法理解"朝闻道，夕死可矣"这句话的深意。以至朱熹在和弟子讲习《论语》时，有弟子提出疑问，如果早上闻了道，傍晚就死了，还没有来得及实践,这怎么"可矣"呢?

还是回到这个"道"上来,我以为,这个"道"既是指社会、政治的最高原则和做人的最高准则,这主要是从伦理学意义上说的;也是指向个体的生命意义而言的,就是"我为何而生"的问题,这主要是从哲学意义上说的。小说《钢铁是怎样炼成的》主人公保尔·柯察金有一句话是大家都耳熟能详的:人最宝贵的是生命,生命对于每个人只有一次。人的一生应当这样度过:回首往事,他不会因为虚度年华而悔恨,也不会因为碌碌无为而羞愧;临终之际,他能够说:"我的整个生命和全部精力,都献给了世界上最壮丽的事业——为解放全人类而斗争。"

这就是影响了我们一代人的"生命的意义",可是这并不能解决我们"从何处来""到何处去"的问题。王羲之千古名作《兰亭序》中为什么写"死生亦大矣",而不是"生死亦大矣"?这些细微之处都需要我们好好去琢磨,去体味。

生死是必然,死生才是关键。人生唯一大事就是修补好自己的缺角,实现生命的正向转向,实现生命本质的升华。

人为什么要避恶向善?就是因为生命的本质要求我们这样。人生有了"道"的追求,整个人就会变得有所不同,就会看淡一些外物的得失荣辱,就会心无挂碍,来去自由。

【原文】

4·9 子曰:"士志于道,而耻恶衣恶食者,未足与议也。"

【讲述】

孔子说:"士有志于学习和践行圣人之道,但又以自己吃穿得不好为耻辱,对这种人,是不值得与他谈论道的。"孔子认为,一个人斤斤计较个人的吃穿等生活琐事,他是不会有远大志向的,因此,根本就

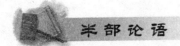

不必与这样的人去讨论什么道的问题。

儒家这种重视自身修为的价值取向影响了中国士人数千年,从屈原的"路漫漫其修远兮,吾将上下而求索"到林则徐的"苟利国家生死以,岂因祸福避趋之"一以贯之;从庄子的"浮生若梦,若梦非梦"到苏东坡的"归去,也无风雨无晴"一以贯之;从陶渊明的"采菊东篱下,悠然见南山"到王维的"行到水穷处,坐看云起时"一以贯之。

此道非彼道,儒家有儒家的道,道家有道家的道。我们的人生终归要走什么道?一句话,走上应该走的道。我们常把道和义联在一起讲,叫"道义","义者,宜也",也就是合乎天理良心的道,我们才叫正道。当心中有了这样的道,我们便不会为物累,也不会为情所累,为世俗所累。接下来——

【原文】

4·10子曰:"君子之于天下也,无适也,无莫也,义之与比。"

【讲述】

孔子说:"君子对于天下的人和事,没有固定的厚薄亲疏,只是按照义去做。"

此句中"适""莫"二字有多种解释:一解为"亲疏厚薄","无适无莫"就是"情无亲疏厚薄之分";一解为"敌对与羡慕",则"无适(读无敌)无莫(读无慕)"便是"无所为仇,无所钦慕"。取此解则倾向于君子之于天下之人,不以自己的喜怒哀乐来判断,不以自己的是非观念来衡量,不存在所谓的亲疏远近厚薄热冷,一切都以是否符合义的要求来评价。

另一解为:"适"就是这样,"莫"就是那样。这样解的话就是说君子对待天下的事情,没有一个固定的标准,不是这样,也不是那样,而是以道义为原则。此解更倾向于君子之于天下之事,没有一个固定的方法,他在不同的时间,不同的情况下,处理事情所用的方法很可能是不一样的,这是变的一面,还有不变的一面就是"义",道义是不变的,不管君子用什么方法来做,都是要符合道义的。

不管取何解,都是与前文一脉相承的,正是因为心中有了那个朝闻夕死可矣了的"道",所以君子不会在意"恶衣恶食",更不会在意物议人非,对人无敌无慕,对事无可无不可,皆因"义之与比"。

第三十一讲:利与义

【原文】

4·11 子曰:"君子怀德,小人怀土;君子怀刑,小人怀惠。"

4·16 子曰:"君子喻于义,小人喻于利。"

【讲述】

孔子说:"君子关心的是道德,小人关心的是乡土;君子虑及的是法制,小人虑及的是恩惠。君子明白大义,小人只知道小利。"

在这两则中孔子再次提到君子与小人这两个不同类型的人格形态,认为君子有高尚的道德,他们胸怀远大,视野开阔,考虑的是国家和社会的事情,而小人则只知道思恋乡土、小恩小惠,考虑的只有个人和家庭的生计。君子崇尚的是大义,而小人关心的只有利益。这是君子与小人之间的区别点之一。

其实,我一直不太认同把人分成君子和小人,为什么?因为有分别就不是真平等,就不是真如自性。有君子就会有小人,有义就会有利,有善就会有恶,有阳就会有阴,万物一理。为什么整部《金刚经》反复讲"无我相,无人相,无众生相,无寿者相"?因为"凡所有相,皆是虚

妄",以一颗分别心看世界,就不会有真正的平等、慈悲和觉悟,这正是其高深之处。

所以,我不愿从道德的角度来解释君子小人,我更喜欢从人格的角度来看待君子小人。君子即是大人,在人格上长大的人,所以在想到自己的同时也会想到别人,在想到利益的同时也会想到道义;小人即是小孩,在人格上还未发育完全的人,所以才会说出"没有永远的朋友,只有永恒的利益"这样的孩子话,大家想想,小孩子是不是这样,有块糖就可以把他逗乐,同样一句话也会把他惹恼,所以夫子才会感慨"唯女子与小人难养也",这里的"小人"还是解为"小的人"即小孩子较为合理、可爱。

"君子喻于义,小人喻于利"是孔子学说中对后世影响较大的一句话,因为义与利都是每个人必须面对的问题。孔子认为,利要服从义,要重义轻利,他的义指服从等级秩序的道德,一味追求个人利益,就会犯上作乱,破坏等级秩序。所以,把追求个人利益的人视为小人。经过后代儒家的发展,这种思想就变成义与利尖锐对立、非此即彼的义利观。

我们常说"富贵于我如浮云",其实是断章取义,曲解了夫子的本义,孔子是说:"不义而富且贵,于我如浮云。"用不义的手段得到的富有和高贵,对于我来说就像浮云一样,是不可靠的,是把握不住的。孔子并非不要利,而是把义放在利之前,即见利思义、见得思义,而非见利忘义。

那么什么是"义"呢? 义者,宜也。就是做我们应该做的。只要我们真正安静下来,真诚地面对自己,就会听到内心深处有一个声音在要求我们向上向善。年前热映的《无问西东》里的吴岭澜,在20年代的清华读的是实科(理科)。无奈理科成绩实在太差,被校长梅贻琦叫去谈话,建议转专业。吴岭澜本就是为了"实业兴国"的梦想而读书,最好的学生也都在读"实科",第一反应就是拒绝。梅贻琦看出了他的迷茫和郁郁寡欢。于是,尽心开导,就有了下面这段精彩对白——

梅:你对自己是否真实?

吴:我不关心是否对自己真实,每天我把自己交给书本,我心里就踏实。

梅:你把自己交给繁忙,得到的是踏实,却不是真实。什么是真实,做什么,和谁在一起,你看到什么听到什么,是否有一种从心灵深处满溢出来的、不懊悔也不羞耻的平和与喜悦。

文科是内心喜好,理科是现实抉择,人生到底该怎样度过?困惑中的吴岭澜,离开梅贻琦办公室后,恰遇泰戈尔在给清华学生们讲"对自己的真实"有多么重要。那一刻,吴岭澜备受触动,于是从理转文,后来成了文学教授,对一届届学生讲着:希望你们在今后的岁月里,不要放弃对生命的思索,对自己的真实。

"不要放弃对生命的思索,对自己的真实。"说得多好啊!面对人生的义与利,我们既要不欺真心,又要不欺暗室。东汉名臣杨震,以清廉闻名。有人夜里给他送金子,杨震拒绝,那人说:"不会有人知道的。"杨震正色回答:"天知地知,你知我知,怎么说没有人知道呢?"天知地知,举头三尺有神灵,这是一种慎独,更是一种敬畏,杨震在利与益面前守住了自己的道德底线,不仅成就了自己一世英名,而且泽被后世。

综上所述,面对利于义,我们既要听从内心的呼唤,又要敬天畏人,使自己做出上不愧于天、下不怍于人的正确抉择。反之——

【原文】

4·12 子曰:"放于利而行,多怨。"

【讲述】

孔子说:"为追求利益而行动,就会招致更多的怨恨。"这一则也是谈义与利的问题。他认为,作为具有高尚人格的君子,他不会总是考虑个人利益的得与失,更不会一心追求个人利益,否则,就会招致来自各方的怨恨和指责。这里仍谈先义后利的观点。这方面的反面教材,当数《三国演义》里的"三姓家奴"吕布了。

吕布本身姓吕,父亲早逝,认荆州刺史丁原为义父。丁原待他不薄,倚为股肱。然而,吕布见利忘义,寡情负恩。董卓用了一匹赤兔马,一千两黄金,数十颗明珠,一条玉带,便令吕布动了心,杀了丁原,取其首级,投降董卓,拜为义父。后来,为诛灭董卓,司徒王允抓住这对父子同样好色的特点,设下连环计,将歌伎貂蝉同时许给董卓和吕布,使父子两人陷入争夺美女的圈套。而这个吕布,为了一名歌伎,也不惜与义父反目,杀了董卓,夺回貂蝉。

《三国演义》是一部讲仁义的书,刘、关、张是作家罗贯中极力歌颂的仁义的化身,而吕布见利忘义,是刘、关、张的对立面,是作者极力鞭挞的人物。"三英战吕布"时,张飞挺着丈八蛇矛,飞马大战:"三姓家奴休走,燕人张翼德在此!"书中,吕布多次被骂为"三姓家奴",这是对吕布的人格最大的羞辱,也是对"放于利而行,多怨"一句最好的注解,足以为后来者戒。

第三十二讲:事亲为大

【原文】

4·18 子曰:"事父母几谏,见志不从,又敬不违,劳而不怨。"

【讲述】

孔子说:"事奉父母,(如果父母有不对的地方),要委婉地劝说他们。(自己的意见表达了)见父母心里不愿听从,还是要对他们恭恭敬敬,并不违抗,替他们操劳而不怨恨。"

这一段还是讲关于孝的问题。这段话读来很有人情味,我们为人子的没法选择自己的父母,如何与父母相处就成了一个无法回避的问题。后世儒家说"天下无不是的父母",这果真是孔子的本意吗? 对父母一味顺从,对领导一味逢迎,就是为人子女、为人下属的正道吗? 当然不是。孔子在这里明确指出,父母有不是,我们要委婉地规劝,可父母不听呢? 还是要恭恭敬敬地对待他们,无怨无悔地为他们操劳,这才是正道。

后世儒家讲"天下无不是的父母",其实,这并非孔子的本意,如果"无不是的父母",那为什么要"几谏"? 父母也不是圣贤,肯定也会犯过失,作为子女的要真诚地指出,这才是为人子的孝道。如果不讲原则、不分青红皂白,任由父母做错事,就会陷父母于不义。

可是父母要是不听从呢? 要不要把父母告上法庭,对簿公堂呢? 当然不是。孔子主张:"父为子隐,子为父隐,直在其中矣。"朱熹对此做出了明确的解释:"父子相隐,天理人情之至也;故不求为直,而直在其中"。显然,孔子在这里也是把父慈子孝的血缘亲情置于公平正义的社会普遍准则之上。

孟子认为"事孰为大?事亲为大""孝子之至,莫大乎尊亲"。这正是儒家坚持的"爱有差等"原则的直接体现,所以孟子才指责墨子的"兼爱"是"无父无君,是禽兽也",究其原因主要是墨子倡导的"兼爱"是无先后、无厚薄、无差别的绝对平等之爱。就像我骑着电瓶车,同时遇到自己的母亲和邻家的大妈,只能带一个人先走,换成你,你会先带

谁走？如果带大妈先走，我妈妈会怎么想？也许，邻家大妈身体不好，母亲要我带她走，那我当然听她的话了，但这个人情还是要让给我妈妈来做，这才是人之常情。

在《孟子》中有一段很有意思的对话：

"桃应问曰：'舜为天子，皋陶为士，瞽瞍杀人，则如之何？'孟子曰：'执之而已矣。''然则舜不禁与？'曰：'夫舜恶得而禁之？夫有所受之也。''然则舜如之何？'曰：'舜视弃天下犹弃敝屣也，窃负而逃，遵海滨而处，终身欣然，乐而忘天下。'"（《孟子·尽心上》）

桃应问道："舜做天子，皋陶当法官，如果瞽瞍杀了人，该怎么办？"孟子说："把他抓起来就是了。""那么舜不去制止吗？"孟子回答说："舜怎么能去制止呢？皋陶抓人是有依据的。""那么舜该怎么办？"孟子回答说："舜把抛弃天子的位置看得如同丢弃破鞋。他会偷偷地背上父亲逃跑，沿着海边住下来，一生都高高兴兴的，快乐得忘掉了天下。"

舜在三代圣王中之所以会特别受到儒家的大力推崇，关键就在于他被视为"大孝"的典范，尤其是能够在"父顽、母嚚、象傲"的家庭氛围中充分体现出"尽事亲之道"的高尚品德，以致为了营救自己的亲生父亲，不惜牺牲正义守法的普遍准则、放弃"为民父母"的天子职责，甚至最终还在"终身欣然"中"乐而忘天下"。

从上述对话中，我们可以看出受到孟子公开赞许的舜的这一举动，几乎从任何一个角度看，都是典型的徇私枉法行为。由此产生的问题是：作为内圣外王理想典范的舜，为什么会从事这样一些无可置疑的腐败行为？对于一切见利忘义的举动都持严厉批判态度的孟子，为什么又会公开赞许这一行为呢？

这些问题的答案，其实就在孔孟儒学始终坚持的"血亲情理"精神之中。

众所周知,孔子和孟子都明确肯定:父慈子孝、兄友弟悌的血缘亲情在人类生活中具有本原根据的重要意义。前面我们讲《学而篇》时,孔子强调:"弟子入则孝,出则弟,谨而信,泛爱众,而亲仁",有子则进一步主张:"君子务本,本立而道生;孝弟也者,其为仁之本与",开宗明义,把"孝悌"指认为"为仁之本"。孟子同样把儒家思潮的"四主德"——仁义礼智的实质内容也归结为事亲从兄的血缘亲情,指出:"仁之实,事亲是也;义之实,从兄是也;智之实,知斯二者弗去是也;礼之实,节文斯二者是也。"

更重要的是,为了突显血缘亲情作为本原根据的重要意义,孔子和孟子还进一步强调了它在人类生活中享有至高无上的终极地位,将它置于其他一切行为准则和道德规范之上,甚至明确要求人们在出现冲突的情况下,不惜放弃其他一切准则规范(其中包括具有普遍性内涵的仁义礼智在内)、以求维系慈孝友悌的血缘亲情,从而将血缘亲情视为人们的一切行为活动都必须遵循的最高原理。

接下来的这一则——

【原文】

4·20 子曰:"三年无改于父之道,可谓孝矣。"

【讲述】

孔子指出:"父没,观其行,三年无改于父之道,可谓孝矣"。朱熹对此做出的批注是:"如其道,虽终身无改可也;如其非道,何待三年。然则三年无改者,孝子之心有所不忍故也。"显然,孔子在这里就是把特殊性的父慈子孝置于普遍性的仁义之道之上,因而主张:人们为了维系"孝子之心有所不忍"的血缘亲情,可以不惜放弃"天下有道"的普遍理想,以致"父之道"即便属于"非道",孝子也应该出于巩固父子亲

情的至上目的,在三年内坚守这种并不仁义的"父之道"。从上面这些论述中,我们也就不难理解"桃应之问"中舜的选择了。

第三十三讲:孝的温度

【原文】

4·19 子曰:"父母在,不远游,游必有方。"

【讲述】

一解是:父母在世,不远离家乡,如果不得已要出远门,也必须有一定的地方;一解是:父母年迈在世,尽量不长期在外地。不得已,务必告诉父母去哪里,为什么去,什么时候回来。并安排好父母的供养。

对这句话的理解分歧主要是在这个"方"字上。有人说是游历的方向(线路),有人说是常(固定地方),有人说是安身立命的方法,有人说是安顿、照应父母的办法。国学大师南怀瑾这样理解:父母老了没人照应,子女远游时务必有个安顿的方法,这是孝子之道。

《礼记·玉藻》的"亲老,出不易方,复但是时",朱熹称"游必有方"是"如已告云之东,则不敢更云西",都是方向、线路的意思;郑玄注谓"方犹常也",皇侃引《礼记·曲礼》云"为人子之礼……所游必有常,所习必有业",是固定地方的意思,也就是《弟子规》里讲到的"居有常,业无变"。

为什么父母在世,远游就应有明确的方向、线路呢?因为在古代社会,信息交通不像今天,一旦生离近乎死别,远游即是音信杳然。正所谓"烽火连三月,家书抵万金",天涯游子倘能于心中时常默念"父母在,不远游,游必有方"的话,便不会轻易远游,若不得已,也要告诉父母明确的地方,这对远方的父母,也是一种慰藉。一是方便父母思念自己时知道该朝哪一个方向翘首盼归,减轻忧愁;二是万一有事,也能够托人捎信,及时赶回家。这正是孝心的温度,如果天涯游子在夕阳西下之时,远眺长亭尽处,日渐年迈的双亲在暮色里拄杖倚柴门、望眼欲穿盼儿归,纵是铁石心肠之人又怎能不潸然泪下?

孔子一生屡次远游,其中两次周游列国,前后累计达十四年之久。这样的人,嘴里说出"不远游"的话,格外耐人寻味。因为我们知道孔子三年丧父,十七岁丧母。据史书记载,孔子与南宫敬叔适周(今河南洛阳),向老子请教礼仪,向苌弘请教音乐,算是他的第一次远游。这一年,孔子已经三十四岁了。次年避难到了齐国,在齐国待了两年。五十五岁那年离开鲁国,到了卫国,一年后回到鲁国。第三年再一次离开鲁国,开始了长达十四年的列国周游。可见,孔子远游,都是他父母不在人世之后的事。但是他却能够说出如此感动人心的话来,这正是他的伟大之处,他总是能够超越个人局限,放射出最耀眼的人性光辉;他总是能够升华个人的悲欢离合,以人类最普遍的感情为基点,哲学地表达自己对人生的思考。这正像晚年的孔子在饱受丧子、丧妻、丧生之痛后,泣血哀号:"天丧予!天丧予!"可他仍能从痛苦中走出来,投入到自己的未竟事业中,以至"发愤忘食,乐以忘忧,不知老之将至云尔"。

据此,我们不妨做如下解读:如果孔子五六十岁的时候,父母还活着,他就可能不会去周游列国,老老实实待在鲁国,或者做官,或者授徒。他之所以几度远游,父母不在人世,是重要条件和原因。我们不妨做这样的推想,晚年结束列国周游回到故乡的孔子,在对一位父母健在的朋友或弟子,不无心酸地说:"要是我的父母多活些年头,我才不会走那么远,那么久呢。"而这位友人或弟子,正准备离开父母去远方

漫游。孔子说这一番话,是为了规劝其放下远游的念头。

下一则——

【原文】

4·21 子曰:"父母之年,不可不知也。一则以喜,一则以惧。"

【讲述】

孔子说:"父母的年纪,不可不知道并且常常记在心里。一方面为他们的长寿而高兴,一方面又为他们的衰老而恐惧。"这也是一句充满浓浓亲情的话,每次读来都特别触动心扉。

我是独子,从小都是衣来伸向、饭来张口,年近不惑,还是父母操劳家务,母亲洗衣做饭,父亲洒扫庭除,照看子女,上学接送。每天天还没有亮,母亲就起来准备一家人的早饭了,先是给我和儿子做好,等我们去上学了,再把饭热好叫起儿媳和孙女,母亲干活儿很快很轻,生怕惊扰了我们,好让孙子、孙女多睡会儿。

最近,母亲老是腿痛,一瘸一拐跟着刚会走路的女儿跑,在女儿清脆的欢笑声里母亲头发就慢慢变白了。说着说着,母亲的生日又快到了,一方面为父母健康安乐而高兴,一方面为父母日渐年迈而忧愁。想到父母总有一天会离我们而去,真是不敢想象到时会是怎样一番情景。想着想着,不觉已是泪流满面了。除了祝福妈妈健康长寿外,就是多把欢笑带回家,好好珍惜父母在身边的每一天,珍惜每一个而今当下。

第三十四讲:享受有节制的自由

【原文】

4·23 子曰:"以约失之者鲜矣。"

【讲述】

孔子说："因为对自己节制、约束而犯过失的，这种事情总不会多。"

外在的约束是必须的。所谓"立于礼，成于乐"，只有在"礼"的约束下，才可以享受"乐"的境界。如果把生命比做一条长河，那么"约"就是长河的两岸，不管是风平浪静，还是急湍甚箭，都离不开岸的约束，如果冲开了堤坝，那就会祸水横流，流入人生的沼泽而无法自拔。

一个人小时候，有一个严格要求自己的父母是幸运的。"少习若天性，习惯成自然。"譬如吃饭不讲话，筷子不插碗，这些个规矩，小时候父母不要求，长大了，你在饭桌上边吃东西，边高谈阔论，唾沫星子乱飞，大有指点江山的气势，即使再好的朋友，又如何好意思提醒一下，大家只有忍着的份了。

《颜氏家训·教子》篇中用对比手法讲述了两个教子故事。一个是南朝梁王大司马王僧辩的母亲，是个信奉棍棒出孝子的老太太。王僧辩在湓城时，已经是三千士卒的统帅了，但稍微不称老夫人的意，还要当众棒打。另一个是梁元帝时候有一位学士，聪明有才气，可是从小被父亲宠爱娇惯。"一言之是，遍于行路，终年誉之；一行之非，掩藏文饰，冀其自改。"这个孩子长大以后，凶暴傲慢的习气是一天胜过一天，终究因为说话不检点，得罪了周逖，最后落了个"抽肠衅鼓"的下场。

其实，这个"约"除了外在的，还在内在的——自律。少说一些无用的话，少做一些无聊的事，做好自己，人就成功一大半了。不得不承认，很多人的问题正是在于自律不够而又想得太多。

说要自律的人很多，可坚持自律的人很少。就像爬一座险峻的高山，越临近山顶，能够咬牙坚持往前走的人越少。其实，好的坚持，本

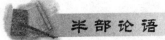

身就是一种自律。而一个人的自律中，藏着无限的可能性。其实，通往成功的道路并不拥挤，真正坚持到最后的人实在是少之又少。

曾看过一个村上春树的访谈。他说，对他而言，每天只有 23 个小时，因为一个小时给了跑步，雷打不动。村上春树称自己为长距离跑者，他的思维方式是："今天不想跑，所以才去跑。"写长篇小说的时候，他基本上都是凌晨四点左右起床，从来不用闹钟。泡咖啡，吃点心，然后绝不拖拖拉拉，马上进入工作状态。

而反观自己，跑步是三日打鱼二日晒网，总是以忙给自己开脱的理由。《论语备课札记》的写作也是中断了整整一年，与其说是被一些工作琐事挤没了时间，还不如说自己的自律程度不够。忙是表象，懒是实质。新学年，我一定把"强行者有志"这五个字作为座右铭，忍人所不能忍，才能成人所不能成。把一块又一块的时间碎布片捡拾起来，日积月累，就一定会织出七彩霞衣。当把说闲话、管闲事的精力集中起来，就会产生一种强大的力量，真正做到了"约"，整个人都会焕发出精气神，让人感觉到比较有力量。

哲学家康德说："真正的自由不是随心所欲，而是自我主宰。自律即自由。"也许看电视、玩手机、打游戏这些事情会让人获得短暂的舒服，甚至看起来很酷，但这些事一点难度都没有，谁都能做到。而真正让你变好的那些事，比如跑步、健身、读书，也许刚开始真的很不容易，但只要你坚持下来了，就站上了比很多人更高的层阶。

当你知道自己想要去哪儿，并全力以赴奔跑的时候，全世界都会为你让路。真正能够登顶远眺的人，永远是那些心无旁骛、坚持着往前走的人。愿我们都能成为自律的自己，活出自己喜欢的样子，过上自己想要过的日子。

第三十五讲：说和做

【原文】

4·24 子曰："君子欲讷于言而敏于行。"

【讲述】

孔子说："君子说话要谨慎，而行动要敏捷。"

我们常说："听其言，观其行。"看一个人有没有仁德，总不能靠相面，还是要看他说什么，做什么。于是，说和做就成了观人的两面镜子了。

我们用两年学说话，却用一辈子学闭嘴。可见，说话不是件好玩的事。老祖宗讲，饭可以多吃，话不可以多说。为什么？因为饭吃多了，顶多就是消化不良，多跑几趟厕所就没事了，可话说多了，后果就很严重。我们常说"君子一言，驷马难追"，说出去的话，泼出去的水。"病从口入，祸从口出"，一言不慎，祸及身家者，自古不胜枚举。

那是不是就当哑巴，不说话了呢？也不是。我想，话还是要说的，关键是说什么。我概括为"三说三不说"。一是要说好话，"良言一句三春暖，恶语伤人六月寒"；二是要说人的好话，看到别人的不是要代为隐藏，看到别人的好处要广为宣扬，隐恶扬善，不啻为劝人改过向善之良方；三是要说对人好的话，就是要多说激励人的话，诱人日进，功莫大焉。

"三不说"：一是不说怨话，抱怨是一种负面情绪，没有人喜欢一个整天抱怨的人，与其把时间花在抱怨上面，不如想办法去改变；二是不说闲话，很多人就是见不得别人好，喜欢乱嚼舌根，议论他人，这样的人，永远成不了大器，因为他们把精力都放在别人身上了，哪还有时间去提升自己；三是不说大话，一个人不管取得多大的成功，都不

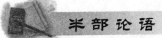

要狂妄自大,人外有人,天外有天,真正的高手都懂得隐藏,绝不会四处炫耀,高谈阔论,事事张扬。

怎样说?一是不懂的别乱说。《菜根谭》有言:十语九中未必称奇,一语不中,则愆尤骈集;十谋九成未必归功,一谋不成,则訾议丛兴。十句话里说对九句,也不一定有人称赞你,但是如果你说错了一句,就会被别人指责。十次谋划有九次成功也不一定能得到奖励,但是一旦有一次失败,埋怨责备就会接踵而来。所以,对于一件事,如果没有十足的把握,千万不要乱说。遇到棘手的事情,不妨冷静思考,深思熟虑后再一语中的。

二是懂了的别多说。"口乃心之门,守口不密,泄尽真机;意乃心之足,防意不严,走尽邪蹊。"(《菜根谭》)嘴巴是心灵的大门,人要表达的想法都是在嘴里说出去的,如果这道大门防守不严,那么内心的秘密就被悉数曝光,就会惹麻烦。所以,并不是所有的事情都要在嘴巴里说出去的,有些事情留在心里就可以了。《周易》里讲"吉人之辞寡,躁人之辞多",说的就是这个意思。

三是有话慢慢说。《礼记》里讲"水深则流缓,语迟则人贵"。水越深,水流越是平缓,水面上虽然风起浪大,沉在深处的水还会保持着缓慢的速度。有修养的人说话都是慢悠悠的,不轻易表态,不轻易下定论,谨言慎行,说出的话犹如良药,能迅速平息事态。遇到事情,不要急躁,别急着下结论,静下心来好好想想,人生之路才能走得更远。

刚才讲了说话的事,那怎样做事呢?

一是"履霜坚冰至",脚踏在初秋的轻霜上,预示着寒冷的冬天就要到来了,做事要有预见性,"宜未雨而绸缪,勿临渴而掘井"。

二是"天下大事必做于细",做事一定要严谨细致,精益求精,须知"千丈之堤以蝼蚁之穴溃,百尺之室以突隙之烟焚"。

三是"今日事,今日毕",事不过夜,案无积卷,做事一定不要拖拖拉拉,因为"明日复明日,明日何其多?我生待明日,万事成蹉跎"。

四是"君子生非异也,善假于物也",做事一定要善于借力,善于调动一切积极因素,方可事半功倍。

五是"锲而不舍,金石可镂",做事要有恒心,善始善终,善谋善成,不久要比谁跑得快,更要看谁跑得远,笑到最后才笑得最甜。

第三十六讲:道德的感召

【原文】

4·25 子曰:"德不孤,必有邻。"

【讲述】

孔子说:"有道德的人是不会孤立的,一定会有(志同道合的人来和他做)伙伴。"

朱熹在《四书集注》中说"邻,犹亲也。德不孤立,必以类应,故有德者,必有其类从之,如居之有邻也。"一部《三国演义》是从"桃园三结义"发端的,一部《水浒》也是从"智取生辰纲"聚义的,因为"方以类聚,物以群分","同声相应,同气相求",有德者必以其海纳百川之势总揽天下英雄,聚众人智,使众人力,同众人行,成众人事。

"德不孤,必有邻",也可以倒过来说,如何才能不孤、有邻呢?那就首先要有德。何谓有德?我想借用道家的"上善若水"四个字来概括——"水善利万物而不争,处众人之所恶,故几于道。居善地,心善渊,与善仁,言善信,政善治,事善能,动善时。夫唯不争,故无尤。"(《道德经第八章》)

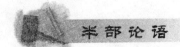

这里的"上善"也就是儒家所推崇的"至德",至高的品性像水一样,泽被万物而不争名利。不与世人一般见识,不与世人争一时长短,处下纳百川,至柔容天下。在道家看来,水为至善至柔之物,而攻坚强者莫之能先;水性绵绵密密,微则无声,巨则汹涌;滋养万物,涤污荡垢,人生之道,莫过于此。

水德即是道德。德即是得。只有有德,才能有得。《学而篇》开宗明义:君子务本,本立而道生。孝弟也者,其为人之本与?可见,做一个有德之人,首先要做好孝弟之本,打好地基,所谓"九层高台,起于垒土"。做好父母的子女,做好子女的父母,以此为基点,"老吾老,以及人之老;幼吾幼,以及人之幼",用关爱自己父母子女的心去为人处事,怎么会不受欢迎,怎么会没人响应呢?人性向善,只要你有一颗向善之心,就一定会得到很多人的响应,自己的人生之路就会越走越宽。

在后面的《颜渊篇》中我们还要讲到"君子之德风,小人之德草,草上之风必偃。"说的是上层的道德好比风,平民百姓的言行表现就像草,风吹在草上,草一定顺着风的方向倒。可见,居上位的言行直接影响着整个社会的风气。因此,我们对成功人士就有更高的期望,希望通过他们的道德示范,来教化民众,来移风易俗。

君子"修己以敬""修己以安人""修己以安百姓",通过对道德的坚守、修炼,实现仁这个最高理想,做到"一日克己复礼,天下归仁焉"。对于这个理想,孔子是坚信不疑的,他对人的道德的提升充满信心,对君子所代表的道德楷模寄予希望,所以说"德不孤,必有邻"。

孔子不仅对人的道德提升充满信心,同时也对道德的感召力充满自信。君子"见贤思齐焉,见不贤而内自省也",在行动中"择其善者而从之,其不善者而改之",这样的德性必然会感染人。德乃人心所固有,有德之人必然令人尊敬。"故有德者,必有其类从之","(周围的人)见其德者,固愈加亲近,闻其风者,亦翕然信从,就似居处之有邻家一般,有不招而自来者矣。故人君修德于上,则万姓归心,四夷向化,而天下为一家。"这就是孔子的德治思想,也是他的政治理想,只是理想很丰满,现实很骨感,到最后只落个"倚天照海花无数,山高水长心自知",所以晚年的孔子很寂寞,常常感叹:知我者其天乎?

有时读《论语》,真的感觉和夫子聊天一样,有时他很自信,很乐观,偶尔也会失望、失落。所以,最好不要把孔子的话当作教条来看,而要细细咀嚼、细细品味,方解其中滋味长啊!

第三十七讲:最好的距离就是保持距离

【原文】

4·26 子游曰:"事君数,斯辱矣;朋友数,斯疏矣。"

【讲述】

子游,姓言,名偃,字子游,亦称"言游"。春秋末吴国常熟人。是孔子的得意弟子之一,比孔子小 45 岁。二十多岁就担任了"武城宰"(武城,今山东费县西南)。孔子去世后,子游自己授徒讲学。因其言行与孔子相似,故有"南方夫子"之称。

古今注家对这则语录的分歧,主要表现在对"数"这个词的不同理解上。一解为:数读 shǔ,当数说、列举或数落讲。据此,把"事君数"和"朋友数"理解为指责国君和指责朋友的过错,或理解为在国君面前和朋友面前显摆自己的功劳。

一解为:数读 shuò,当屡次(频繁)地劝谏(劝告)讲。朱熹在《论语集注》里引胡氏的话说:"事君,谏不行,则当去;导友,善不纳,则当

止。至于烦渎(渎,音dú ,这里当过分或烦琐讲),则言者轻,听者厌矣,是以求荣而反辱,求亲而反疏也。"这说明朱熹认为"数"的意思是"多次劝谏、劝告"。

在这里取后者,就是说:事奉君主太过烦琐,就会受到侮辱;对待朋友太烦琐,就会被疏远了。我想,人与人之间最好的距离就是保持距离。

不仅事君、交友是这样,就是与家人相处也是这样。为什么孔子会说"唯女子与小人难养也"? 其实,夫子真的没有看不起女子的意思,而是经验之谈。我们不能断章取义,只要和下一句——"近之则不孙,远之则怨"连起来读,就不难理解孔子的本意了。李泽厚《论语今读》中是这样解的:我以为这句话相当准确地描述了妇女性格的某些特征。对她们亲密,她们有时就过分随便,任意笑骂打闹,而稍一疏远,便埋怨不已;应说它是心理学的某种事实,并不必含褒贬含义。为什么在妻子的眼中没有伟人? 就是因为两人一起生活太了解彼此了,太熟悉了就没有了距离感,而距离产生美,也产生崇高感。

和孩子相处也是同样的道理,古人为什么要"易子而教"? 因为在孩子的眼中,你是他的父亲而不老师。父子天天生活在起,一个桌子吃饭,一张床睡觉,父亲就没有威严感,师道尊严就树立不起了,再正确的道理说出来也没有分量。道理讲不通,接着便会动怒。一动怒,就反而伤了感情了。所以古时候相互交换儿子进行教育,父子之间不求全责备。相互求全责备,会使父子关系疏远,父子疏远,那就没有比这更不幸的了。

与朋友交往最好是保持距离,久而敬之。君子之交淡如水,相濡以沫不如相忘江湖,确实是过来人的经验之谈。因为人刚一交往,往往什么都好,"人生若只初相见"。可是时间长了, 人性的弱点就会慢慢暴露出来了,很多人就会渐行渐远,最后行同路人。所以,孔子最佩服晏子的就是他的这点:"晏平仲善与人交,久而敬之。"当然,作为朋友要做到"友直,友谅,友多闻",对待朋友的过失,要委婉规劝,但不可过于烦琐,唠唠叨叨,没完没了。

与上司交往最好是保持距离,各安其位。"君使臣以礼,臣事君以忠。"当领导的对待下属,重要的一点就是以礼相待。古人云:"敬人者,人恒敬之。"要得到下级的拥护和支持,就必须尊重自己的下级。只有让下属从内心感受到领导对其尊重、关爱,才能达成良好的合作关系,从而更有效地开展工作。而作为下属,也要"事君以忠",何谓忠?尽己之谓忠。就是要恪尽职守,进尽忠言。但也要适可而止,不能则止。试想,哪位领导愿意天天听一些正确而无用的大道理?所以说,尽妙计千条,不如做好本职一件。

我很信奉的一句话是"力微休负重,言轻莫劝人"。凡事量力而行,人微言轻就不要轻易发表意见。

看电视剧《铜齿铁牙纪晓岚》里面的老纪,口含大烟袋,非常神气,老跟皇帝唱反调,真实的历史完全是另一回事。江浙学政尹会一曾经上书劝谏乾隆皇帝,尽量减少南巡的次数,因为"民间疾苦,怨声载道",问题已经相当严重了。纪晓岚也在一旁帮腔,向皇帝说明江南财力枯竭的事实。没想到,乾隆蛮横地对纪晓岚说:"我看你还有一点学问,才赏赐一个官给你做,不过是把你当作娼妓和戏子一样养着罢了,你怎敢得寸进尺,妄议国家大事呢!"这就是给"事君数,斯辱矣"下的最好的注脚了。这就是求近反疏,求荣反辱了。

所以说,做人要本分,先做好自己,不要人微言轻,不自量力,自取其辱,其次才是做好子女,做好配偶,做好父母,做好朋友,做好下属,本本分分,方方正正,坦坦荡荡,不矫情,不伪饰,不琐碎。

公冶长篇

本篇共计 28 则。以谈论仁德为主,内容涉及"仁"之义,"仁"之用等内容。在本篇里,孔子和他的弟子们从各个侧面探讨了"仁"的内涵。此外,孔子在本篇中对孔门弟子及弟子以外的有关人物进行了评述,从这些评述中,我们可以体会到孔子是把"仁"作为评价的根本标准的,这也有助于我们更进一步理解孔子"仁"的精神实质。

第三十八讲:孔子找女婿

【原文】

5·1 子谓公冶长,"可妻也。虽在缧绁之中,非其罪也。"以其子妻之。

【讲述】

孔子说公冶长,"可以把女儿嫁给他,他虽然被关在牢狱里,但这并不是他的罪过呀。"于是,孔子就把自己的女儿嫁给了他。

据传,公冶长是我们潍坊诸城贾悦镇近贤村人,是孔门七十二贤人之一。自幼家贫,聪颖好学,博通书礼,德才兼备,终生治学不仕。现在的公冶长墓,就坐落在诸城市马庄乡锡山子(原名公冶山)东南麓。清代《诸城县志》载有公冶长墓与祠的平面图,并有自明代正德十年

(1515年)以来三次修缮的情况。今祠已毁,墓尚存。

另有公冶长书院,位于安丘市庵上镇西北10公里的城顶山前坡,相传为公冶长隐居读书、授徒之所。此院"环房皆山,裂石出泉,树稳风不鸣,泉安流不响",确是一处清幽的读书之所。院中有银杏树两株,据传是当年孔子嫁女时的陪嫁,历经岁月沧桑,见证文脉盛衰,至今仍枝繁叶茂,欣欣向荣。每逢阴历四月初八,为书院庙会,附近乡民云集在此,交易物资,游览山色,凭吊古人,热闹非凡。

在潍坊当地有很多关于他的传说,据传公冶长能解百禽之语。关于他"在缧绁之中"的原因,有一部叫《论释》的书中是这样讲的:公冶长从卫国返回鲁国,走到两国边界处,听见鸟儿互相招呼往清溪食死人肉。不一会儿,遇见一位老婆婆在路上哭,公冶长问她原因,老婆婆说:"我儿子前日出门,至今未回来,恐怕是死了,却不知他在什么地方。"公冶长说:"我刚才听到鸟儿们相呼往清溪食肉,恐怕是您的儿子吧。"老婆婆去看,果然发现她儿子的尸体。老婆婆报告了村中官吏,村官问老婆婆从哪儿知道的,老婆婆说:"是公冶长说的。"村官说:"公冶长没杀人的话,怎么可能知道?"于是将公冶长逮捕入狱。狱吏问:"你为什么杀人?"公冶长说:"我懂鸟语,没杀人。"狱吏说:"那试试你,如果真的懂鸟语,就放了你,如果不懂,你就要偿命。"于是将公冶长因在狱中六十天。后有一天有麻雀停在监狱的栅上,互相叽叽喳喳地叫,公冶长听了就让狱卒去报告狱吏。公冶长说:"麻雀叽叽喳喳,说白莲水边有装粮食的车翻了,公牛把角折断,粮食收拾不尽,招呼去吃。"狱吏不信,派人去看,果然如此。后来公冶长又听懂了猪和燕的言语,于是被释放。

当然,这些都是传说,不足为凭。究竟公冶长做了哪些突出的事情,让孔老师对他高看一眼,以至要把女儿嫁给他?我想,应该不是世俗的功业。作为公冶长的老师,孔子对他肯定有全面了解,无论德行,还是才学,定有其过人之处。当然,一个年轻人在成长的道路上,总难免会犯错,重要的是"不迁怒,不贰过",不怨天尤人,不迁怒于人,而是自我反省,改过迁善,在对待公冶长的婚事上孔子更是用实际行动诠释了自己的一贯主张。

同时,我们也可以看出孔子的胸襟与气度,一个有过"前科"的人,谁愿意把自己的女儿嫁给他呢?谁又能全然不顾世俗的眼光呢?唯有我们的夫子,给予学生以莫大的信任,并把自己最心爱的女儿嫁给他,光这一点,就足见夫子心胸之磊落。

【原文】

5·2 子谓南容,"邦有道,不废;邦无道,免于刑戮。"以其兄之子妻之。

【讲述】

孔子说南容,"国家政治清明时,(他有官做),不会被废弃;国家政治黑暗时,他也可以免去刑戮。"于是把自己的侄女嫁给了他。

这一则,孔子对南容也做了比较高的评价,同样也没有讲明南容究竟有哪些突出的表现。当然,他能够把自己的侄女嫁给南容,也表明南容有较好的仁德。

在后面的《论语·先进》篇还要讲道:"南容三复白圭,孔子以其兄之子妻之。"《诗经·大雅》中有诗:"白圭之玷,尚可磨也,斯言之玷,不可为也。"孔子对学生品行的教育都是从培养良好的行为习惯入手的,"少习若天性,习惯成自然",他极力提倡慎言,不该说的话绝对不说。因为,白玉被玷污了,还可以把它磨去,而说错了的话,则无法挽回。南容把这句诗反思吟诵,甚至作为座右铭,可见南容对自己行修要求之高。这里,孔子把自己的侄女嫁给了南容,表明他很欣赏南容的慎言。

把这两则合起来看,孔子把自己的亲女儿嫁给有"白圭之玷"的公冶长,而把自己的侄女嫁给"美玉如斯"的南容,我们也可以看出编者的良苦用心。我们都知道孔子的哥哥是个瘸子,从小都是孔子辛苦持家,照顾哥哥,到侄女出嫁时,哥哥可能早已不在人世了,所以孔子才会把侄女嫁给"美玉无瑕"的南容,而把自己的亲女儿嫁给了有"缧绁"之过的公冶长,运用比衬之手法,将圣人之心迹一表无遗。

第三十九讲:君子哉若人

【原文】

5·3 子谓子贱,"君子哉若人! 鲁无君子者,斯焉取斯?"

【讲述】

孔子评论子贱说:"这个人真是个君子呀。如果鲁国没有君子的话,他是从哪里学到这种品德的呢?"

宓子贱,姓宓,名不齐,字子贱。孔子的学生,七十二贤人之一,小孔子 30 岁。曾在鲁国做过官,鲁国君主曾任命其为单父宰(今山东菏泽单县)。

孔子在这里称子贱为君子。这是第一个层次,接下来说,鲁国如无君子,子贱也不可能有这样的君子之风。我们可以看到,孔子称赞学生,每每赞其好学,而不赞其质美,就是肯定其后天的努力。那么孔子为什么要称子贱为君子呢? 我们从《孔子家语》中关于子贱的一段记述可窥一斑。

孔子的哥哥有个儿子叫孔蔑,与子贱当时同在做官。孔子有一次前去看望孔蔑，向他问道："自从你做官以来，有什么收获，什么损失吗？"孔蔑向夫子答道："没有什么收获，却有三个损失：做官以后，公事纷至沓来，所学的没有时间去温习它，学问更加荒芜了；俸禄微少，亲戚们得不到一碗稀饭的帮助，与我越加疏远了；公事往往很急迫，就连吊唁死者、慰问病者的时间都没有，因此朋友之间交情也淡漠了。"孔子听后很不高兴。

后来，孔子去探望弟子宓子贱时，也问了同样的问题。

子贱答道："自从弟子来这里做了官，并没有什么损失，却得到了三个益处：其一，过去从书本上读到的知识，如今能够在施政中得到运用，因而对所学的更加明了了；其二，有俸禄可以帮助亲戚们，故亲人与我更加亲密了；其三，虽然公事繁忙紧迫，但仍兼顾对死者的吊唁与对生者的慰问，因而朋友之间的友谊越加深厚了。"孔子听了深有感慨地对子贱说："真是君子啊！鲁国要是没有君子的话，子贱你又怎么学到的呢？"

这个故事，为"君子哉若人"这句话提供了一个很好的背景。孔子为什么称赞子贱同学，就因为他做到了"学而时习之，不亦说乎？"子贱同学学以致用，知行合一，所以"学益明""骨肉益亲""朋友笃"，可以说深谙孔学三昧了。学习，就是为了提升自我，改造人性，去过一种幸福充盈而富有意义的生活。

接下来，孔子话锋一转，提了一个深层次的问题——"鲁无君子者，斯焉取斯？"为什么会出现子贱这样的君子呢？还是要归功于鲁国的文化浸染。如果没有人才成长的环境，又怎会产生这样的君子呢？虽然当时的天下大势是礼崩乐坏、江河日下，可是我们还是能看到孔子的理想，特别是对父母之邦的期望，他说："齐一变，至于鲁；鲁一变，至于道。"鲁国毕竟是礼仪之邦，周公之后，遗风尚存。要推行礼制,就要先从鲁国开始。夫子发这种感言,也是勉励鲁国去振作,去恢复原来的礼制,进而影响周边国家,使天下走向正规。

藕益大师这样批注:总是要他至于道耳。所以不管齐国也好,鲁国也好,最终目标都是让两国同归于道。何止于齐鲁?夫子热切地盼望着当时诸侯列国都能克己得礼,回归于道,所以孔子周游列国,不避风雨,不惧艰难,不忘初心,就是为了在尘世再造一方文明的热土,为黎民百姓再造一个幸福的国度。

第四十讲:君子要不要口才好

【原文】

5·4 子贡问曰:"赐也何如?"子曰:"女,器也。"曰:"何器也?"曰:"瑚琏也。"

【讲述】

承接上文,作为孔子的爱徒,子贡看到孔老师直夸子贱同学是君子,自己就不淡定了。便问:"老师,您看我这个人怎么样?"孔子说:"你呀,是个东西。"子贡又问:"是什么东西呢?"孔子说:"瑚琏。"

《朱子集注》是这样注的:器者,有用之成材。夏曰瑚,商曰琏,周曰簠簋,皆宗庙盛黍稷之器而饰以玉,器之贵重而华美者也。前文孔子讲过"君子不器",也就是委婉地指出了子贡还没达到"不器"的君子境界,但夫子把子贡比作瑚琏,也充分肯定了子贡同学的才能,因为瑚琏是古代祭器中贵重而华美的一种,也是暗含了对子贡庙堂之器、栋梁之材的赞许,我想,子贡听到夫子的这个评价,肯定是嘴上说着"不敢当,不敢当",心里却乐开了花的。

我们读《论语》，谈到最多的几个同学恐怕就数子路、子贡了，这几个孔门高足各具其神情，各有其特点。《论语》中往往寥寥数语便可传神写照，人物刻画栩栩如生，跃然纸上。作为"孔门十哲"的子贡以言语著称，利口巧辞，长于外交。齐相田常伐鲁，为保全夫子的父母之邦，他奉命出使，游说诸侯，存鲁，乱齐，破吴，强晋而霸越，一举而动五国之政，风云际会，纵横捭阖，"谈笑间、樯橹灰飞烟灭"。不仅口才了得，子贡同学还精于理财，经商有道，"货殖焉，臆则屡中"，家累千金。孔子对他的评价是"赐也达"，一个"达"字可谓是微言大义，一字千金。

【原文】

5·5 或曰："雍也仁而不佞。"子曰："焉用佞？御人以口给，屡憎于人，不知其仁。焉用佞？"

【讲述】

有人说："冉雍这个人有仁德却没好口才。"孔子说："何必要口才呢？靠伶牙俐齿和人辩论，常常招致别人的讨厌，我不知道仲弓是不是有仁德，但何必要口才呢？"

雍，姓冉名雍，字仲弓。冉雍在孔门弟子中以德行著称，孔子对其有"雍也可使南面"之誉，这是孔子对其他弟子从来没有过的称赞。孔子临终时在弟子们面前夸奖他说："贤哉雍也，过人远也。"可见，冉雍确有过人之处。可是冉雍同学有个缺点，就是口才不太好。孔子针对别人对冉雍的评论，提出了自己的看法。他认为人只要有仁德就足够了，根本不需要能言善辩，伶牙俐齿，所谓"巧言令色，鲜矣仁"，说的正是此意。

《韵律启蒙》中有一句我们耳熟能详的话，叫"忠心安社稷，利口覆家邦"。其中，"利口覆家邦"就是出自《论语·阳货》——子曰："恶紫之夺朱也,恶郑声之乱雅乐也,恶利口之覆邦家者。"前"两恶"是铺垫,而最后"一恶"才是重点,可见孔子对巧言令色是多么厌恶。

慎言语是一切德行养成的基础。饭可以多吃,话不可以多说。为什么?"一言既出,驷马难追。"说出去的话,泼出去的水。即使说是的实话,是好话,最后传来传去,可能已不是说者当初的意思了,所以说"道听途说,德之弃也"。

孔子在《论语·季氏篇》里说:"言未及之而言谓之躁,言及之而不言谓之隐,不见颜色而言谓之瞽。"孔子指出了我们说话容易犯的三个毛病:第一个毛病是急躁爱出风头,没有耐心听人说话的涵养;第二个毛病是阴隐,该说话的时候不说,给人以城府很深、很阴的感觉,也容易失去朋友;第三个毛病是不长眼睛,说话不看人家的反应,只顾自己说得痛快,得罪了人自己还不知道,这是炮筒子一类的人,自己以为是心直口快,其实,口快的人不一定心直。

正因为说话容易犯那么多过失,所以我们要慎言。慎言并非不言,话还是讲的,关键是如何讲?

首先是要看清说话的对象。"见人说人话,见鬼说鬼话"并没有什么贬义,就是要我们讲话要分清对象,推心置腹更要看清楚对象。子曰:"可与言而不与之言,失人。不可与言而与之言,失言。知者不失人,亦不失言。"真正的智慧就是做到既不失人,也不失言。

其次是说话的内容。释迦在讲《金刚经》时说自己是"真语者,实语者,如语者,不诳语者,不异语者"。我们说话要是如此,要实话实说,实事求是。而非道听途说,人云亦云。要多说好话,传播善知识、正能量;要多说人好话,隐恶扬善,诱人日进;要多说对人好的话,劝勉鼓励,激人向善。

最后是要把握好说话的时机。有一次,墨子的一个学生子禽问墨

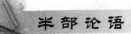

子:"老师,您认为多说话有好处吗?"墨子回答说:"你看那生活在水边的蛤蟆、青蛙,还有逐臭不已的苍蝇,它们不分白昼黑夜,总是叫个不停,以此来显示自己的存在。可是,它们即使叫得口干舌燥、疲惫不堪,也没有人会注意它们到底在叫什么,人们对这些声音早已是充耳不闻了。现在你再来看看这司晨的雄鸡,它只是在每天黎明到来的时候按时啼叫,然而,雄鸡一唱天下白,天地都要为之震动,人人闻鸡起舞,纷纷开始新一天的劳作。两相对比,你以为多说话能有什么好处呢?只有准确把握说话的时机和火候,努力把话说到点子上,这样才能引起人们的注意,收到预想的效果啊!"

子贡辩才无碍,冉雍仁而不佞,天性使然,但都不妨碍其成才成仁,此处对比,正是孔子给我们的信心,不管一个人天赋如何,只要一心向善,精进不已,总能雕琢出一个完美的自己,实现自己真正的人生意义。

第四十一讲:乘桴浮于海

【原文】

5·6 子使漆雕开仕。对曰:"吾斯之未能信。"子说。

【讲述】

孔子叫漆雕开去做官。他答道:"我对这个还没有信心。"孔子听了很欢喜。

为什么把这句话和下句"乘桴浮于海"合起来讲,我认为是借漆雕开对做官没有信心而深得夫子嘉许这件事,为下文抒夫子"道之不行"之感喟铺垫。

这里的"吾斯之未能信",到底是漆雕开对自己做官没有信心,还是对时局没有信心?我想,两种解释都有其合理之处。"吾斯之未能信"若解为漆雕开对自己为官不自信,乃是婉拒之辞,则说明其志向远大,志不在此。我们常讲"三年学,不至于穀,不易得也",从古至今,多少人十年寒窗苦读,只为一朝为官,光宗耀祖,妻荣子贵。是谓"小人儒",终非"君子儒"。何谓"小人儒"?谋食谋位,求名求利,患得患失,终日戚戚。何谓"君子儒"?从孟子的"立天下之正位,行天下之大道"到张载的"为天地立心,为生民立命,为往圣继绝学,为万世开太平",何其光明峻伟、正大豪迈!一个"说"字,传神写照,极其生动形象地刻画出夫子的欣喜之情,也表明夫子对漆雕开"不戚戚于贫贱,不汲汲于富贵",而志在进德修业、砥砺品行之赞赏。

若解为漆雕开对时局没有信心也很合理,是为下文"道不行,乘桴浮于海"张本。孔学以修身为本,志在齐家、治国、平天下,修己以安人、修己以安天下。然而在现实生活中,并不是每个人都有施展才华、实现抱负的舞台的,所以孟子主张:得志,与民由之,不得志,独行其道。当看到礼崩乐坏的天下颓势,面对夫子的出仕推荐,漆雕开同学表现得很淡定,说了句自己对这个没有信心,既不拂老师美意,也表明了自己的心志,故引出后文夫子之"道之不行"之感喟。

【原文】

5·7 子曰:"道不行,乘桴浮于海。从我者,其由与?"子路闻之喜。子曰:"由也好勇过我,无所取材。"

【讲述】

这一则细细品读,极富情味。先是夫子感叹,自己的主张行不通,那就漂洋过海移民去吧。这时,夫子顺带着说了句"能跟从我的恐怕只有子路了吧",子路听了高兴得不得了。可是夫子又一转,"子路真

是比我勇于行,可惜不知如何裁度啊"。

这一则的分歧主要在"材"字上。一曰"材"为"哉",就是句末加强语气,可译为"啊"。联系前文,先是夫子提出带子路同学一起乘桴浮于海,看到子路兴高采烈、欢呼雀跃,马上一瓢凉水泼过来,说:"子路除去好勇实是一无所取啊!"试想,天下哪有如此之夫子呢?

一曰桴材,就是说夫子提出要带子路乘桴出海,当子路跃跃欲试、马上行动时,夫子又来了句"那我到哪里去找桴材呢"。这夫子也太幽默了吧。提出乘桴出海的也是你,说还没备好桴材的也是你,这前后转变也太快了,这不是拿子路开涮吗?

一曰裁度,《朱子集注》中引程子说:"浮海之叹,伤天下之无贤君也。子路勇于义,故谓其能从己,皆假设之言耳。子路以为实然,而喜夫子之与己,故夫子美其勇,而讥其不能裁度事理,以适于义也。"我取此解。联想夫子对子路的一贯评价,如"片言可以折狱者,其由也与""子路无宿诺""子路有闻,未之能行,唯恐有闻"等,我们可以看出子路是个行动派、急性子,一点就着,一戳就冒。本是夫子深沉之感喟,一时消沉时说的玩笑话,却不想子路同学信以为真,竟要和老师"小舟从此逝,江海寄余生"。弄得夫子也不知说什么好了。

再回到孔子的这句话本身,夫子为什么要"乘桴浮于海",缘由是"道不行"。这与夫子"知其不可为而为之"的坚定执着也格格不入呀。其实,在后面我们还会讲到子路与荷蓧丈人的故事,《论语》借子路之口所表达的"君子之仕也,行其义也,道之不行,已知之矣"正可与这一句相为印证,都反映出晚年孔子的隐逸情怀。

青壮年时期的孔子,满怀雄心壮志,欲图通过政治的途径来推行他的思想主张,实现他的社会理想。他特别看重统治者对"道"的榜样推动作用,主张用自上而下的"行道"模式来改良政治、移风易俗。"上好礼,则民莫敢不敬;上好义,则民莫敢不服;上好信,则民莫敢不用情。夫如是,则四方之民襁负其子而见矣。"他主张实行德政,"为政以德,譬如北辰,居其所而众星共之",若当政者有德,则可以教化感染各个阶层,自可使老者安之,友者信之,少者怀之,远者来之,敌者服之。

但是孔子的政治主张在当时诸侯争霸、陪臣执政的时代是行不通的,这就注定了他一生仕途多舛的命运。据《史记·孔子世家》记载,齐景公问政于孔子而不问礼,终不予以重用;孔子为鲁司空时,桓子受齐女乐,三日不听政;至卫国,灵公老,怠于政,不用孔子。

孔子晚年,更是忧道不忧贫。"君子病没世而名不称焉。""吾道不行矣,吾何以自见于世哉?"孔子认为,君子以行道为己任,道是否行之有效,能否在社会上发挥强大的影响力,还在于他职位的高低。故而,孔子汲汲于仕,为仕途而四处奔波,为其理想的实现寻找平台。他一直都在关心政治,每至一邦"必闻其政""出则事公卿,入则事父兄"。向他问政的人也很多,有他的学生,也有国君和各诸侯国的当权者。

孔子不懈地追求生命的社会价值,"知其不可为而为之",不停地游说于各国。"苟有用我者,期月而已可也,三年有成。""如有用我者,吾其为东周乎?"孔子之为仕,志不在于仕之本身,而在于行道。正因其如此,在求仕一再受挫时,他想到隐,欲求用非仕的方法来行道。

"道不行,乘桴浮于海"是孔子因其大半生求仕的坎坷经历而无可奈何的自我安慰,也是对以政行道这种方法的否定。它更深层的含义是:既然政治途径实现不了"道",何不用非政治途径去"行道"呢?

从这个角度讲,"道不行"之"道"又是超于具体方法之上的关于人与人、人与社会的更大的"道",这才是他思想体系中精髓所在,政治理想只是这个"道"的一部分,谋仕也只是他实现"道"的手段。途径不通、方法不当并不等于思想本身的错误。孔子没有因为求仕失败而放

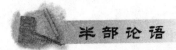

弃"行道",恰恰相反,他的"不仕"却让他的"道"得以发扬光大。

钱穆先生认为:"孔子晚年返鲁,政治方面已非其主要意义所在,其最属意者应为其继续对于教育事业之进行。"孔子从事教育事业,整理典籍正是为了弘道,藏之名山,传之后人,薪火相传,生生不息。所以说,孔子的这一句话,细细咀嚼,的确意味深长。

第四十二讲:不知的知

【原文】

5·8孟武伯问:"子路仁乎?"子曰:"不知也。"又问。子曰:"由也,千乘之国,可使治其赋也,不知其仁也。""求也何如?"子曰:"求也,千室之邑,百乘之家,可使为之宰也,不知其仁也。""赤也何如?"子曰:"赤也,束带立于朝,可使与宾客言也,不知其仁也。"

【讲述】

这一章是孟武伯向孔子请教孔子三个弟子是不是仁人,孔子都分别做了评价。从这里我们可以去体会什么是仁,如何去行仁。

孟武伯姓仲孙,名彘,谥武,叫仲孙彘。他是鲁国大夫孟懿子的儿子,孟懿子曾是孔子的学生,孟武伯是他的儿子,也算是徒孙辈了。他来问这话时,估计作为接班人已经"转正"了,所以来向夫子要人才。

仲孙彘开门见山,问:"子路仁乎?"子路算不算是个仁者?孔子答曰:"不知。"孔子讲话很厚道,其实他哪不知,他太知道了,但他说不知道。因为这话没法说,你说他仁吧,那就等于把子路树成标杆了,这个"仁"就具象化了,以后大家就照着子路学好了,万一哪天子路变坏了呢?"仁"是至高的,是要用一生去完成的,可谓任重道远,死而后已。可你也不能说子路不仁呀,那害子路没饭吃,这责任谁来负?所以夫子只能说"不知"。

孟武伯问这个话不得其要,没问到点上,所以问不出孔子的意思。这时,他就觉得夫子怎么这样回答我呢,于是就再问。孔子答曰:"由也,千乘之国,可使治其赋也,不知其仁也。"乘是兵车,有一千辆兵车的国家就叫大国了。诸侯国其实是很小的地方,每个国家地域都不大,有千乘的国就算大国了。孔子说子路可以为大国治理兵赋,治国安邦带兵打仗,子路能做得到,做得还很好。但是"不知其仁",就是不知道子路算是不是仁者。

孟武伯没问出个结果了,不死心,就又问:"求也何如?"冉求这个人怎么样?求就是冉求。子路、冉求这都是很能干的人。冉求在孔子弟子里面是政事第一,就是很懂得治国,很懂得治家。"求也,千室之邑,百乘之家,可使为之宰也,不知其仁也。"邑可就比国要下一个等级了,他可以做家臣。一般来讲,大夫有千室之邑,邑是他的封地,这一个地方有一千户人家。有百乘,一百辆兵车,这种才叫家。所以在春秋时代讲的家,跟我们现在讲的家是不一样,那个家简直是一个小国。"为之宰",这个宰,就是做家臣。冉求这个可以做得到,但是不知道冉求能不能称为仁者。

孟武伯继续追问:"赤也何如?"赤,就是公西华。子曰:"赤也,束带立于朝,可使与宾客言也,不知其仁也。"换句话说,公西华是一个外交家,他很懂得进退应对,跟外宾讲话应答很内行,但是不知道他算不算仁者。

这三个弟子当中,每个人都有他的才华,都能够担当国家的事务——子路军事、冉求政治、公西华外交,各有所长。孔子非常了解这几个弟子的志向和才能,他的回答与他们的人生理想也是一致的。在

《子路、曾皙、冉有、公西华侍坐》一章中,子路说,一个拥有千乘兵车的国家,夹在大国之间,加上外国军队的侵犯,接着又遇上饥荒,他只需要三年的时间,就可以把这个国家治理好,使这个国家的人民勇敢善战,而且懂得做人的道理。冉求说,一个国土纵横六七十里,或五六十里的小国家,他用三年的时间,可以使老百姓富足起来。公西赤说,他能力有限,不敢说自己能做到什么,只能做点宗庙祭祀的工作,或者在诸侯会盟及朝见天子的时候,他穿着礼服,戴着礼帽,做一个小小的赞礼人。这是公西赤自谦的说法,孔子认为他才德出众,可以胜任大司仪官。这几个弟子的志向和才能,在"孟武伯问仁"中得到了印证。这充分说明,孔子对自己的弟子是了如指掌的。从这里我们也可以看出夫子的过人之处,这就也就是夫子的"知"。若是从教,了解学生的性格禀赋才能因材施教,因势利导;若是从政,了解下属的个性才具才能人尽其才,各展其长。

可是在问到子路、冉求、公西赤是否做到了"仁"的问题上,孔子却答非所问,避而不谈,一律用"不知其仁也"来搪塞。对这三个弟子"仁不仁"的问题,孔子为什么一问"三不知"呢?莫非他对自己的弟子并不是真正的了解吗?

我想,仁,是孔子思想的核心,是他毕生追求的最高境界。孔子认为仁道广大无边,不可轻易达到,所以当孟武伯问:"子路仁吗?"他坦率地回答"不知道"。孟武伯认为,对弟子的了解,莫过于老师,子路仁不仁,孔子怎么会不知道呢?所以他又继续追问,得到的却是"三不知"的回答。在孔子看来,"仁",一定要合乎天理,不能有一丝一毫的杂念;而且要始终如一,不能有一丝一毫的懈怠。人的志趣和才能是外在的,一个人内心是否纯正,凭外在的东西是不能轻率判断的。所以孔子客观地评价这三个弟子的才能,对"仁不仁"却不妄下结论。他这样回答，暗含勉励弟子之意：有志于求仁，就要时常省察自己的内心。孔子说："知之为知之，不知为不知，是知也。"他的"三不知"，体现了这种实事求是的严谨作风。这也正是孔子的"知"。

第四十三讲：孔门第一高徒

【原文】

5·9 子谓子贡曰："女与回也，孰愈？"对曰："赐也何敢望回？回也闻一以知十，赐也闻一以知二。"子曰："弗如也，吾与女，弗如也。"

【讲述】

孔子对子贡说："你和颜回两个相比，谁更优秀、更杰出一些呢？"子贡回答说："我怎么敢和颜回相比呢？颜回他听到一个道理就可以推知十个相关的道理；我呢，知道一个道理只能推知两个相关的道理。"孔子说："是比不上啊，我与你都比不上啊。"

在这一则对话当中，孔子和子贡谈论的对象是颜回。颜回，生于公元前521年，卒于公元前481年，字子渊，又称为颜渊，是孔子的小老乡，鲁国曲阜人。是所有弟子中孔子评价最高的弟子，不仅仅称赞颜回"好学"，而且还以"仁人"相许。在孔门"四科十哲"中他列德行第一，历代的文人和统治者也对颜回推崇有加，颜回生前没有实现自己的理想，生活潦倒，死后却哀荣备至，不禁让人唏嘘感喟。

颜回，十三岁时拜孔子为师，入孔门学习，在孔子处学习了六年，学业就基本上完成了，但是出于对孔子的崇拜，也出于"好学"，他一直追随着孔子。据《史记·仲尼弟子列传》记载：回年二十九，发尽白，蚤死。孔子哭之恸，曰："自吾有回，门人益亲。"颜回死得早，孔子很悲伤地说:"自我有了颜回,弟子们一天天亲近起来了。"这是孔子对颜回的评价。可见,在孔子的门人中,颜回有着高出其他同学的地位,有点像今天的助教,至少也是个班长。

公元前497年,颜回跟着孔子去周游列国,寻找可以实现理想的沃土,却四处碰壁,到处吃闭门羹,颠沛流离,累累若丧家之犬。当孔子一行被困在陈、蔡之间,很多弟子对孔子心有怨言,只有颜回坚定地相信老师的主张和学说。孔子喟叹:"有是哉,颜氏之子!使尔多财,吾为尔宰!"这不是一般的欣赏,而是带着知己的灵犀一点,还有一点亲昵,半开玩笑地说:"好样的,回啊!如果将来你发了财,我愿替你当管家。"

还有一次,孔子和门人匡地被围,情势十分危机,后来见到了颜回,孔子动情地说:"吾以汝为死矣。"颜回恭敬地回答道:"子在,回何敢死。"可见,孔子和颜回是在追求理想的道路上踏着荆棘携手前行的,这种在患难中建立的感情,名是师生,实则胜于父子。在颜回去世后,孔子悲恸地说:"老天爷啊,你这是要了我的命啊!"也就是在这样的丧子丧生之痛中,孔子的生命也走到了尽头。

那么,在孔子众多的学生中,孔子为何唯独推崇颜回呢?

首先是因为颜回"好学"。鲁哀公问:"弟子孰为好学?"孔子对曰:"有颜回者好学,不迁怒,不贰过。不幸短命死矣,今也则亡,未闻好学者也。"孔子弟子三千,贤者七十二,独独把"好学"之冠给了颜回。从年龄上看,颜回要比孔子小30岁,颜回十三岁入学,入学的时候孔子已经四十三岁,这时孔子已经完全形成了自己的思想体系,可以说已经是一个成熟的思想家,其思想的魅力对颜回的影响是非常大的。《论语·子罕》中这样记述:"颜渊喟然叹曰:'仰之弥高,钻之弥坚;瞻之在前,忽焉在后。夫子循循然善诱人,博我以文,约我以礼,欲罢不能。既竭吾才,如有所立卓尔,虽欲从之,末由也已。'"其大意是:颜回曾感叹地说:"老师的道,越抬头看,越觉得它高明,越用力钻研,越觉得它深奥。看着它似乎在前面,等我们向前面寻找时,它又忽然出现在后面。老师的道虽然这样高深和不易捉摸,可是老师善于有步骤地诱导我们,用各种文献知识来丰富提高我们,又用一定的礼来约束我们,使我们想停止学习都不可能。我已经用尽我的才力,似乎已能够独立行事。可是要想再向前迈一步,又不知怎样着手了。"所以在少正卯与孔子争夺弟子时,使"孔子之门三盈三虚",唯有颜回未离孔门半步,因而后人评价说:"颜渊独知孔子圣也。"(《论衡·讲瑞》)

其次是"不迁怒,不贰过"。这是孔子对颜回的评价,这一点想想我们自己能否做到呢?我想,很难做到。我们心情不好的时候总是摆着一张臭脸,总是在对待别人的时候不自觉地将自己的怒气发泄到别人身上。一事当前,先替自己打算。把事办砸了,一脸无辜,不赖我的事。一个人可以犯错,但是很多人没有自制力,总是在一个地方犯错,我们可以把大把时间粘在手机屏幕上,却没办法让自己静下一刻钟读书写作。我们整日里胡吃海喝,却没有决心和毅力管控自己的身体。我们就是这样"明日复明日",一天天浑浑噩噩地过着。

颜回的贤还表现在"吾与回言终日,不违如愚,退而省其私,亦足以发。回也不愚",从这里我们可以看到颜回从来不会质疑,因为颜回能够完全吃透孔子所讲的一切,并且"足以发",不仅吃得透,而且发挥得好,也就是说能够将孔子的理论落实到行动上,这是非常难得的。颜回不仅可以举一反三,而且可以学以致用,可以说已经达到了圣人的标准。就像这一则中,就连"瑚琏之器"的子贡也自叹"弗如也"。

再次,颜回的贤还表现在"回也其心三月不违仁",也就是说颜回在很长时间中能够做到自己的行为丝毫不会违背"仁",也就是说颜回真正是一个可以做到让自己的行为符合这一标准的人,所以说其贤一点都不为过。从前文中我们可以看出,孔子从不轻易以"仁"许人,即便很多贤臣名士、才俊翘楚,当问到是否"仁"时,孔子也总是避而不答,或是回不一句"不知也"。

最后,颜回的贤还表现在其"身在陋巷,一箪食一瓢饮,回也不改其乐",可见颜回对于物质生活的要求是非常低的,能够做到在物质生活非常贫苦的情况下,保持积极的乐观的精神,并且三月不违仁,是大贤。

从上面这些地方我们可以立体地感知到,颜回是一个贤人,孔子的那声感叹"贤哉,回也",颜回是完全当得的。

第四十四讲:刚与欲

【原文】

5·11子曰:"吾未见刚者。"或对曰:"申枨。"子曰:"枨也欲,焉得刚?"

【讲述】

今天,我们把这则对话还原一下情境,适当发挥一下想象力,总比光讲道理要有趣得多。

孔子忍不住感叹道:"我还没有见过真正刚强的人啊!"我想,说这话时,夫子一定是叹了一口气的,就像说"我未见好德如好色者也"时,应该是一样的语气,很失望的。

弟子们都觉得很奇怪,大家都觉得像子路、申枨等,都是很刚强的人。尤其是申枨,他虽然年纪很轻,可是每次在和别人辩论时,却总是不肯轻易让步。即使在面对长辈或师兄时,申枨也毫不隐藏,总是摆出一副强硬的姿态。大家都对他退让三分。所以,当学生们听到孔子感叹说还没有见过刚强的人时,他们都不约而同地说:"如果要论刚强,申枨应该是当之无愧的!"

孔子说:"申枨这个人欲望多,怎么可以称得上是刚强呢?"一个学生问:"申枨并不像是个贪爱钱财的人,老师怎么会说他欲望多呢?"孔子回答说:"其实所谓的欲望,并不见得就是指贪爱钱财。简单地说,凡是没有明辨是非就一味和别人争、想胜过别人的私心就算是'欲'。申枨虽然性格正直,但他却逞强争胜,往往流于感情用事,这不是一种'欲'吗?像他这样的人,怎么可以称得上是刚强呢?"

这里,我们重点讲一这个"刚"。我想,孟夫子的"富贵不能淫,贫贱不能移,威武不能屈"刚好可以为这个"刚"做注脚。能做到心志不被富贵所淫乱、贫贱所改变、武力威胁所屈服,甚至一切外在的毁谤、讥讽、赞誉种种的利害得失,都不会受到动摇影响,这样才够称得上"刚"。这个刚,不是匹夫之刚,不是猛士之怒,则是"杀身以成仁"之大仁,"舍生以取义"之大义,"虽千万人吾往矣"之大勇。

而这个"刚",对治的恰恰是"欲"。而一个人一旦有了某方面的"欲",他可能就"刚"不起来了,"刚"往往就会荡然无存。譬如面对是非,他可能或狼狈为奸,或随声附和,或骑墙观望,或金口难开,或装聋作哑,或顾左右而言他,或巧妙应对瞒天过海,或隔靴搔痒,等等。譬如面对钱财,他视财如命,如果你拿钱财贿赂他,他就会大张其口,欲壑难填。譬如面对美色,他心花怒放,馋涎欲滴,如果施以"美人计",他就会半推半就,深陷其中,不能自拔。譬如面对权力,他恋恋不舍,贪得无厌,如果你拿官职许诺他,你要他干什么他就会干什么……

所谓"有求皆苦，无欲则刚"正是此刚最好的解读。朱熹引谢氏语："能胜物之谓刚，故常伸于万物之上；为物掩之谓欲，故常屈于万物之下。"这里阐明了"刚"恰恰是战胜外物的诱惑，使自己的精神凌驾于物质之上的结果；而贪欲则是精神被物质战胜，人格、精神被外物所役使、所屈服的表现。此句所谓的"刚"，并不是指逞强好胜，而是一种克制自己的工夫。能够克制住自己的欲望，无论在任何环境中，都不违背天理，而且始终如一，不轻易改变，这才算是真正的"刚"啊！

当年左宗棠被派戍守新疆，途中路过林则徐(已经被免职)的家，林送左一副对联以示勉励:海纳百川有容乃大，壁立千仞无欲则刚。以山海之雄伟喻人之胸怀宽广大度，既要有宽容的性格，又要为人要正直，不要有任何的私欲，要大公无私，方可站得稳，行得正，无私则无畏。

钱穆先生在《论语新解》中解释"枨也欲，焉得刚？"时说"人多嗜欲，则屈意徇物，不得果烈"。"此章仅言多欲不得为刚，非谓无欲即是刚。如道家庄老皆主无欲而尚柔道，亦非刚德。"我想林则徐的意思和这句更近，是儒家做人的一种操守，和释、道讲"无欲"不是一回事。

"海纳百川有容乃大"，就是说要豁达大度、胸怀宽阔，这也是一个人有修养的表现。中国过去有句俗话，叫作"宰相肚里能行船"。姑且不论那些宰相是不是都是有肚量的人，但人们都把那些具有像大海一样宽广胸怀的人看作是可敬的人。

"壁立千仞无欲则刚"中的"欲"意思是想得到某种东西或想达到某种目的的要求。欲是人的一种生理本能。人要生活下去，就会有各种各样的"欲"。但是，凡事总要有个尺度。欲望多了、大了，必然欲壑难填。求欲者往往被财欲、物欲、色欲、权势欲等等迷住心窍，攫求无已，终至纵欲成灾。孔子向来认为，一个人的欲望多了，他就会违背周礼。从这一章来看，人的欲望过多不仅做不到"义"，甚至也做不到"刚"。

孔子不普遍地反对人们的欲望,但如果想成为有崇高理想的君子,那就要舍弃各种欲望,一心向道。

第四十五讲:赐所不及

【原文】

5·12 子贡曰:"我不欲人之加诸我也,吾亦欲无加诸人。"子曰:"赐也,非尔所及也。"

【讲述】

我们前面讲到"赐也达",这是对子贡很高的评价。这位子贡同学做人做事样样精,读书、经商两不误,是"瑚琏"之才、庙堂之器,具有高、贵、清的特质,才高的人多多少少都有点清高。子贡说这话时,可能是有人对他指手画脚了,有些不耐烦了,就对夫子说:"我不愿别人(把某事)强加于我,我也不愿意(把事情)强加在别人身上。"这时,夫子(摇了摇头)说:"赐呀,这不是你所能做到的了。"

《论语》讲到这里,孔子当面否定学生,还是第一次。我们每个人都具有一定的社会性,并非独立的个体。人在社会上生存,社会就像一张大网,生活在其中的每一个人都是一个节点,既不能挣脱,也不能逃离,每个人的行动都会受到他人制约。为了生存,为了周围的亲人、朋友,许多时候,人都要做一些别人强加到自己身上的、违背自己意愿的事情。所以,孔子直截了当地告诉子贡同学"你做不到",在社会这张大网中,没有人能置身事外。如此讲,是一解,侧重于外力,也有学者将"赐也,非尔所及也"解为是端木赐的内在修为做不到,此解侧重于内修。

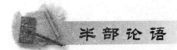

《雪公讲要》里面把这一则与"己所不欲，勿施于人"联系起来，讲"此是恕道，尚非大贤所及，仁可知矣"。子贡讲的这个境界是仁的境界——"己欲立则立人，己欲达而达人；己所不欲，勿施于人。"子贡以为自己达到了，这是他的错解，误会了。孔子给他点出来，这是恕道，"尚非大贤所及"，你还差得很远，何况是仁！仁比恕确实又高一层，仁道是圣人所及的境界。

孔子讲"志于道，据于德，依于仁，游于艺"，这个"仁"就是我们的"德"，让我们有所"得"，而"恕"是行"仁"之方，方是方法。我们要力行"仁"这个德行，用什么方法？用恕道，就是"己所不欲，勿施于人"。后面我们还要讲到子贡向孔子请教：有没有一个字使我能终生奉行的？孔子就教他"恕"。"恕"字，上面一个如，下面一个心，如其心。就是你不想要的不能强加给别人，要替别人着想。你的心要想到别人，如别人之心，这就是恕道。

【原文】

5·13 子贡曰："夫子之文章，可得而闻也；夫子之言性与天道，不可得而闻也。"

【讲述】

上面讲子贡同学被老师泼了一盆子冷水，可他并没有心生怨恨，而是满心欢喜地接受，在进德修业之路上下求索。越深入地学习，他越感觉到夫子学问的高深，夫子形象的高大。他就对其他同学说："老师讲授关于文献方面的学问，我们可以学到领会；老师关于人性和天道的论述，我们却学不到领会不到。"

朱熹在《四书集注》里面解释"文章，德之见乎外者，威仪文辞皆是也。"夫子的文章不仅是讲他的文辞，凡是德之现于外，就是他表现出来的，都叫文章。把夫子德行表现出来的形式，有他的言谈举止，还有他的文辞,文是他所写的东西,辞是他所说的东西,就是夫子一举一动、一言一行都是"德"的表现,这叫文章。子贡讲"夫子之文章可得而闻也",这是我们能够看得清楚的,学得到的。学不到,至少我们能看懂,这是"可得而闻"的意思。从子贡的话中我们也可以感受到夫子"匹夫而为百世师,一言而为天下法"的崇高形象。

那么"夫子之言性","性"是什么呢?"天命之谓性""性者,人所受之天理。"朱子理学讲天理是贯穿万事万物之理,圣人得到这个天理了。那么什么是"天道"呢?"天道者,天理自然之本体,其实一理也。"天道是天理的本体,天理是外面的一个相,一种表现、一种作用,而它的本体就是天道。也就是说,天道、性和文章,就是体、相和用的关系,是一体圆融的,是一不是二。可惜,性与天道"子罕言之",弟子们就有没听闻的了。夫子以"言、行、忠、信"教人,所谓"孔门四科",就是指德行、言语、政事、文学。"天道远,人道迩",我们的夫子没有把目光投向苍茫的宇宙,而是躬耕于大地之上,教你怎么修身立德,教你礼乐射御书数,教你修身齐家治国平天下,等等。

雪公讲:"至于性与天道,则深微难知,能知之者,颜子、曾子、子贡数人而已。"所以夫子讲性与天道,讲得很少,为什么?真正能够去接受这样高深教诲的弟子不多,这种弟子要很有根性,这是"深微难知"。能知的这几个人,雪公点出来,颜子颜回,曾子就是曾参,还有子贡,就这几个人。蕅益大师他给我们讲,其实真正得夫子心传,只有颜子一人,曾子、子贡都排不上号,所以孔子讲性与天道就少了。

不是说圣人不知这样的境界,他知,但是弟子们没这个根性接受,他也就不能去说,说了也白说,没用。"中人以上,可以语上也;中人以下,不可以语上也。"这是夫子自己讲的,中人以下的,不能够告诉他上。上是什么?上就是性与天道。

第四十六讲：思与行

【原文】

5·14 子路有闻，未之能行，唯恐有闻。

【讲述】

子路听到某一道理，在还没亲自实行的时候，唯恐又听到新的道理。寥寥数语，子路的形象就跃然纸上了。子路是个行动派，学以致用，学了就要去做，这是子路一个难得的优点，就是他听到夫子教诲，一定是要去力行的。但是闻道之后还没有能够力行的、没落实的，就担心自己又听到夫子新的教诲，这不能力行的就变得愈来愈多了，所以他"恐后有闻，不得并行也"。我们从子路这个心态里头可以体会到，子路是非常实干的、很踏实的一个人。听一句做一句，学到一条做一条，不贪多、不浮华。

身体力行，现在、立刻、马上行动，这是子路的长处，也是他的短处。子路毕竟只是升堂，还没有入室。我们要见贤思齐，要学子路的马上行动，也要见不贤而内自省也，马上行动有什么不好？我想，闻和修之间还少了个思。先是听闻道理，而后加入自己的思考，再去加以实践。

我时常用好学、善思、力行三个词来劝勉自己。"学然后知不足，教然后知困。"唯有不断学习，才能源源不断地释放出生命的潜能，事业和人生才能不断展现壮丽开阔的境界。但是光读书不行啊，还要善于思考，要三省吾身，入眼入脑更要入心。最后要力行，落实到自己的行动上，不断修正自己的行为，最终丰富人生的体验，升华生命的境界。

所以,善思是很重要的一环。于是,我们把下一则拉过来,一起讲。

【原文】

5·20 季文子三思而后行。子闻之,曰:"再,斯可矣。"

【讲述】

季文子每做一件事都要考虑多次。孔子听到了,说:"考虑两次也就行了。"

季文子,姓季孙,名行父,鲁成公、鲁襄公时任正卿,"文"是他的谥号。史称他"无衣帛之妾,无食粟之马,无金玉重器,忠于公室者也"。因他世故太深,过为谨慎,遇事计较祸福利害太多,容易徇私,私意起而反惑。所以,孔子才说了这番话。孔子还曾说:"事有贵于刚决,多思转多私。"也是这个意思。

季文子三思而后行,孔子说"再,斯可矣。""再"就是两次的意思,这个叫再,一而再,再而三就多了。他说再就可以了,不用到三思而后行,再思而后行就可以了。《朱子集注》引"程子曰:三则私意起而反惑矣,故夫子讥之。"程老师说,这三思而后行的三,到第三次思考才决定要不要行动,这就有一个麻烦,为什么?思考到第三次,他的私意就起来了,他私心就起来,有时候想得太多,越想越复杂,这就"反惑矣",自己都把自己迷惑了,"故夫子讥之"。

我们常讲"三思而后行",当然,这个"三"不一定是三次的意思,程子刚才讲的,第三次思考就起私心了,这个说法有点拘泥。因为这个三不应该当作数字讲,你说第三次有点多,那第四次、第五次呢?我们想想世间那些自私自利的人,他不用三思才会起私意,他一思,第一个念头起来就想自己了,何必到第三?所以有私心的人,他第一个念头动了就不对,那他而后行的行为就更加不对了,因为他的思想指导他的行为。所以,问题的关键不在于思几次,而在于发心。这一点,正

可以和前文的"无欲则刚"做类比。只要动机纯正,就要先干起来再说,不要瞻前顾后,左顾右盼,否则什么也干不成。

在现实生活中,我们常常想做某件事情,一想热血沸腾,再想犹豫不决,三想就偃旗息鼓了。联系前文,像子路这样的行动派,脑袋一拍,说干就干,这是一类人,是优点也是缺点。还有一类人就是一而再,再而三,反复掂对,万千思量,很多事情就这样不了了之。

世人处事,固然不能不思考,但也不能思虑过度。所以遇到事情,不可以轻举妄动,一定要仔细思量一番,有了结果之后,恐怕还有不确切的地方,应当心平气和的再考虑一番。这样事情的来龙去脉已经了然于胸,裁度也已经成熟,做起来也一定停当,何必再去思量呢。因此说,天下之事虽千变万化,但其中的道理却是不变的,只有在义理上仔细体会,才能两番思量得到应对之策,如果用私心杂念去揣摩,越思量就会越迷惑。

《中庸》教人慎思,也是这个意思。善于应对的人,都是在道理上讲究精纯,再果断行事,则没有处理不好的事情。如果有私心夹杂其中,则一思贪念即起,越思越重,必蒙蔽了心神。由此可知,正心才可用思,心不正,多思愈乱。

第四十七讲:子产的君子之道

【原文】

5·16 子谓子产,"有君子之道四焉:其行己也恭,其事上也敬,其养民也惠,其使民也义。"

【讲述】

据《史记·孔子世家》记载,有一次,孔子到郑国去,和弟子走散了,一个人站在城东门外,子贡到处打听老师,遇到一个人对他说:"东门有个人,他的额头像尧,他的脖子像皋陶,他的肩像子产,然而从腰以下就不到禹的三寸了,像一只走离了家的狗。"子贡把这些话如实说给了孔子,孔子笑了笑说:"人的外形像什么那是次要的,然而说像无家可归的狗,真是这样呀!真是这样呀!"这便是"丧家之犬"的出处。听到郑人的评价,夫子没有生气,还自嘲道:"这回真让他给说着了,真让他给说着了。"这回夫子高兴,多多少少与郑人拿他跟古圣贤类比有关,尧舜禹就不用说了,就是话中提到的子产,那也是夫子的偶像。

子产何许人也?姓公孙名侨,字子产,郑国大夫,做过正卿,是郑穆公的孙子,为春秋时郑国的贤相。子产在郑简公、郑定公之时执政22年。

孔子盛赞子产有四种君子的优良品质:恭以持己,是君子的品质,子产平日,十分谦恭,有善事从不矜持,有劳苦从不推辞,尤其能够推贤让能,把自己放在很低的位置上,这是他的品质之一;以恭敬心对待君主,是君子的品质,子产平日,对内勤修国政,对外和睦诸侯,小心尽职,始终恭敬谨慎,没有怠慢,这是他的品质之二;对百姓仁爱,是君子的品质,子产平日,遇到有利百姓的事,就坚决去做,遇到有害百姓的事,就坚决除掉,事事为百姓留心,厚待子民,这是他的品质之三;动用民力合理合法,是君子的品质,子产平日,能够明辨上下关系,平均彼此的利益,动用民力都有限制,又无姑息弊政,这是他的品质之四。

子产身上的这些个优点,对于今天的人们,特别是管理者来说,如果能"择其善者而从之"的话,定会有很大助益。一个人,对待自己要整齐严肃,要庄重,要自爱,所谓"临之以庄""庄静曰强"者是也;对

上,要做到务本、本分,所谓"尽己之谓忠"者是也;对待下属,生活上要关爱,工作上要引导,分派工作要合宜,所谓"义者,宜也"。

子产身上的这四条优点,上能辅佐君王,下能庇护子民,使郑国虽夹在晋国和楚国两个大国之间,却能安然无事。其时,正是晋楚两国争强、战乱不息之时,郑国地处要冲,而周旋于这两大国之间,子产却能既不低声下气,也不妄自尊大,使国家得到尊敬和安全,的确是中国古代一位杰出的政治家和外交家。

《左传》讲,昭公二十年的时候,孔子听到子产逝世的消息流着眼泪,说道:"古之遗爱也。"可见得孔子对子产是十分恭敬的。为什么?子产他虽然执政二十二年,身居高位,但是死的时候身无余财,没有留下财产。家里一贫如洗,儿子连丧葬费都没有,郑国的百姓因为都感念子产,纷纷拿出钱来给子产做丧葬费。但是子产的儿子分文不受,用自己的身体背着土,一点一点地给父亲盖起坟墓。当孔子听到这个消息时,流下了眼泪,就说出这个话——"古之遗爱也",那真正是古圣先贤遗留下来的风范啊!

我们的中学语文课本里有一篇课文,叫《子产不毁乡校》。其意大概是这样的:郑国人到乡校休闲聚会,议论执政者施政措施的好坏。郑国大夫然明对子产说:"把乡校废除了,怎么样?"子产说:"为什么废除掉?那些人利用一天工作劳动之余在乡校彼此交游,议论一下施政措施的好坏。他们喜欢的,我们就推行;他们讨厌的,我们就改正。这是我们的老师。为什么要毁掉它呢?我听说过尽力做善事来减少怨恨,没听说过靠摆威风来防止怨恨。难道不能很快地制止?但是(这伤怨)就像防止河水溃决一样:河水大决口造成的损害,伤害的人必然很多,我是挽救不了的;不如开个小口导流,不如我听取这些议论后把它当作治病的良药。"

早在两千多年前,子产就明白"防民之口甚于防川"的道理。他主张保留"乡校",听取"国人"意见,善于因才任使,仁厚慈爱、轻财重德、爱民重民,执政期间在政治上颇多建树。被清朝的王源推许为"春秋第一人"。在当时等级森严的阶级秩序下,能够开一个口子让老百姓无所顾忌、畅所欲言地议论统治者,真是要很大的气魄和开阔的胸襟。仅凭这一点,在几千年的传统社会中,即使不是绝无仅有,也算得上是百年难遇了。

第四十八讲:子张问仁

【原文】

5·19 子张问曰:"令尹子文三仕为令尹,无喜色;三已之,无愠色。旧令尹之政,必以告新令尹。何如?"子曰:"忠矣。"曰:"仁矣乎?"曰:"未知。焉得仁?""崔子弑齐君,陈子文有马十乘,弃而违之。至于他邦,则曰,'犹吾大夫崔子也。'违之。之一邦,则又曰:'犹吾大夫崔子也。'违之,何如?"子曰:"清矣。"曰:"仁矣乎?"曰:"未知。焉得仁?"

【讲述】

前面,我们讲到了"子张学干禄",这一则,是子张同学向孔老师请教"仁"的问题。他讲了两件事,涉及三个人:一个是令尹子文,令尹,楚国的官名,相当于宰相;一个齐国大夫崔杼,曾杀死齐庄公,在当时引起极大反响;再一个就是陈文子,齐国大夫,名须无。

子张问孔子:"楚国的令尹子文,曾经三次任职令尹,人们都羡慕他的尊荣,可是他却毫无喜悦的表情。又曾经三次罢官,人们都替他惋惜,他也没有丝毫怨怒。更加难得的是,他在罢官的时候,还把从前自己所行的政事——告诉继任者,毫无猜忌、妒怨之情。这样的为人,夫子以为如何呢?"孔子回答说:"凡是患得患失、妒贤嫉能的人,都只顾自己,不为国家着想,都是不忠于国家的人。子文的为人,是不贪图朝廷的爵位,一心为国家谋政事的表现,实在是个实心为国的忠臣啊。"子张又问:"子文能做到人所不能的事,可以说是仁者了吗?"孔子回答说:"仁在于心,而不在于事,子文虽然行事忠义,但还不知道他内心究竟如何,如果有一丝毫为名利之心,就是私心,就不是精纯天理之公的人。怎么能轻易就说他是仁者呢?"

子张继续问道:"当初齐国的大夫崔杼杀害了齐国的国君,那时有些人与他一道行恶,有些人默不作声,只有大夫陈文子,厌恶他的所作所为,不肯与他同流合污,一起共事,于是放弃了自己的高官厚禄和十乘车马的家财,弃国而去,没有丝毫的贪恋眷顾。到了另一个国家,见到该国的臣子也对君主不忠,便说道:'他们就和我们国家的崔子一样啊,怎么能与他们共事呢?'于是再次出走。又到了一个国家,见到该国的臣子依然对君主不忠,又说道:'他们还是和我们国家的崔子一样啊,也不能和他们共事。'于是又出走了。夫子觉得这个人的所作所为怎么样?"孔子说:"与恶人在一起的人,都会坏了自己的名声,洁身自好的人不会如此。陈文子不贪恋十乘车马的富贵,不在危险混乱的国家居住,是个清白不污的人。"子张又问:"能做到陈文子这样很不容易,一般人都不行,那他能算是个仁者吗?"孔子回答说:"仁在于用心,不在于事。文子虽然清白,但是他的内心如何还不得而知。如果有一丝毫的愤世嫉俗,自我清高的想法,到最后就难免会哀怨后悔,这也是私心,不是精纯天理之公的人。怎么能轻易就说他是仁者呢?"

上述两则,可谓是一字褒贬,春秋大义。令尹子文和陈文子,一个忠于君主,算是尽忠了;一个不与逆臣共事,算是清高了,但他们两人都还算不上仁。因为在孔子看来,"忠""清"仅仅是"仁"的一个方面而已。联系上文孟武伯问仁,谈到子路、冉求、公西赤,夫子都是以"不知其仁也"答之,可见"仁"在夫子心目中是至德,决不轻易许人。

子张问仁,夫子以"未知"答之,得前后呼应之妙趣。仔细体味个中滋味,这也正是夫子的深沉之处。"仁之初,性本善""吾欲仁,斯仁至矣"这是夫子给我们的信心,只要我们立志做一个仁人君子,内心深处就会源源不断涌动出向上向善的力量。然而,漫漫人生路,起起伏伏,磕磕绊绊,一路走来,不忘初心的有几人? 所以夫子特别推崇颜回,"三月不违仁",其余的同学呢? "则日月至焉而已矣",一个月半个月做到"仁"就不错了,要知道,这些人都是孔门高徒,行仁尚且如此之难,更不要说你我等凡夫了。再联想到今日浮躁之世风、物欲横流之社会,于"仁"能坚守一份、做到一分亦是不易,更需我辈知耻后勇、自我砥砺,方不坠于平庸一流而不自知。

第四十九讲:夫子的境界

【原文】

5·26 颜渊、季路侍。子曰:"盍各言尔志?"子路曰:"愿车马衣裘,与朋友共,敝之而无憾。"颜渊曰:"愿无伐善,无施劳。"子路曰:"愿闻子之志。"子曰:"老者安之,朋友信之,少者怀之。"

【讲述】

这是一个很生动的课堂教学片段。这一天,颜渊、子路两人侍立在夫子身边。孔老师今天心情不错,就说:"你们何不各自说说自己的志向？"子路是个急性子，上课总是抢答："我愿意拿出自己的车马、衣服、皮袍，同朋友共同使用，用坏了也不抱怨。"子路同学豪放，有古侠士之风，后来李白的"五花马，千金裘，呼儿将出换美酒"或多或少受他的影响。

这时，颜渊同学慢悠悠地说："我愿意不夸耀自己的长处，不表白自己的功劳。"这一句中的"施"，可译为"表白"，也有的注为"施加"，就是"己所不欲，勿施于人"的意思。那这句话就变成了"我愿意不夸耀自己的长处，也不想把劳累的活儿推给别人"。我想，这两种解释都有其合理性，但我更倾向于后者，因为颜子死得早，谈不上事功，没有什么好表白的功劳，倒是颜子做夫子的助教，默默无闻做了很多文献整理的苦活、累活。

听其言，观其行，如闻其声，如见其人。子路的气魄，是属于"外向"型的，有了好日子一起过，大家一起分享。而颜渊属于"内秀"型的，严于律己，勤于修行，不愿意向别人夸大自己的优点，也不愿意给别人增添麻烦。这就是他们两个人的志向。

看到夫子没个态度，子路急了，他紧接着问："愿闻子之志"，我想听听老师您的志向是什么呢？

孔子说了三个层面的人：老者、少者、朋友。老者表示古人，长辈，前辈，年纪大的人；少者表示弟子，晚辈，后人，年纪小的人；朋友表示同龄人。也就是所有人了，对这些人，孔子的志向是什么呢？孔子的志向是想要达到一种社会状态，这种状态能使老者安，使朋友信，使少者怀。如果讲的是"外王""内圣"，那么夫子的志向则是"兼天下"。

"老者安之"，人老了，风烛残年的时候，最愿意看到的就是子女安安稳稳的，孩子的日子过得好，老人才能心安。说安心离去有些悲凉，但老人的心愿莫过于此。一生操劳，为孩子上学、工作、结婚、买房、生儿育女,操心一辈子,晚年已是心有余而力不足,没有精力再为子女操劳,只有子女们都独立了,他们才能安心。所以说,让老人安心,才是真正的孝道,也是一切德行的根基。

"朋友信之",孔子希望的社会状态应该是让朋友之间在这样的社会状态下能够彼此信任,这就不是单纯的以追逐利益而忽视道德的社会状态,这不是孔子理想的状态,人与人之间讲信修睦,这才是他崇尚的社会价值取向。在这一点上,曾子就做得很好,他的"三省吾身",就是每日要多次自我反省:为人谋而不忠乎?与朋友交而不信乎?一个人做到了忠信二字,也就转到人生正确的轨道上来了。

"少者怀之",就是说让年轻人能够心甘情愿为这样的社会而奋斗,始终怀有这样的志向,这样的社会充满积极的正能量,让奋斗一生的老人得以安享晚年,让社会的中坚力量有所信仰,让社会的年轻一代有奋斗目标,这才是孔子胸中的志向!

在这一章里,孔子及其弟子们自述志向,主要谈的还是个人道德修养及为人处世的态度。孔子重视培养"仁"的道德情操,从各方面严格要求自己和学生。这则谈话,各见其神情,各见其胸襟,各见其抱负,通过对比不难看出,还是孔子的志向最接近于仁者境界。

"老者安之,朋友信之,少者怀之"短短十二个字,这是夫子的最高理想,也是我们全人类的最高理想,我们说孔子之所以伟大,就是在于他总是能超越个人的局限,甚至说超越社会、时代的局限,只抵人性最深处,升出人类情感中最纯粹、最精华的那一部分,分享给我们,而这也是孔子思想历久弥新、绵延不绝的原因所在了!

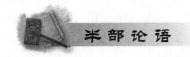
第五十讲：孔子的自信

【原文】

5·27 子曰："已矣乎,吾未见能见其过而内自讼者也。"

【讲述】

孔子说："算了吧,我还没有看见过能够看到自己的错误而又能从内心责备自己的人。"

这又是孔子的一叹,又是一个"吾未见",前文夫子评述弟子贤愚、古人得失,说着说着就伤心起来了,很失望。"已矣乎",唉,还是算了吧,人心不古,世风日下啊。为什么呢? 就是因为反躬自省的君子越来越少了。

古往今来,人们往往能够一眼看到别人的缺点错误,却看不到自己的缺点错误。即使有人明知自己有错,也因顾及面子或其他原因而拒绝承认错误,更谈不上从内心去责备自己了。甚至有的人,自己犯了错误,不去认真检查自己,反而把责任推到别人头上,这是一种十足的伪君子。孔子说他没有见过有自知之明、有错即改的人。也并不是没见过,如颜回"不迁怒,不贰过",如曾参"吾日三省吾身",只可惜这样的学生太少了。所以,孔子就拿自己来说事了——

【原文】

5·28 子曰："十室之邑,必有忠信如丘者焉,不如丘之好学也。"

【讲述】

孔子说："即使只有十户人家的小村子,也一定有像我这样讲忠信的人,只是不如我那样好学罢了。"

与前文相类比,孔子肯定人必性向善,相信"十室之邑必有忠信"

"十步之泽必有香草",但他坦言自己非常好学,表明他承认自己的德性和才能都是学来的,并不是"生而知之"。孔子把人分为两大类,一类是生来就明白的人,所谓的"生而知之",另一类是通过学习而开窍的人,所谓的"学而知之"。孔子认为自己就属于后一种,他说:"吾非生而知之者,好古,敏以求之者也。"在这里讲得很清楚,他不是那种生来就明白的天才,只不过是一个醉心于古人文献,善于学习的求知者罢了。

孔子的自信是建立在好学之上,他认为自己的可贵之处就在于"学而不厌,诲人不倦""发愤忘食,乐以忘忧,不知老之将至",就是这种激情满怀、不知疲倦、永不自满的好学精神,足可以让孔子立于古往今来圣贤之列。然而夫子却自谦道:"默而知之,学而不厌,诲人不倦,何有于我哉?"

孔子"详于万物",更"博于《诗》《书》,察于《礼》《乐》"。他在评人论事,言谈之中对《诗》《书》的运用可谓信手拈来,娴熟之至。我们在读《论语》时,从孔子弟子和孔门后学对老师的崇拜中可以体会到孔子的博学。第一高徒颜回"夫子步亦步,夫子趋亦趋",称赞孔子"仰之弥高,钻之弥坚";就连挨骂的宰我也说:"以予观于夫子,贤于尧舜远矣。"认为老师远远超过了作为古代圣王的尧舜;子贡则说孔子就像日月,"无得而逾焉",他认为孔子是不可企及的,"犹天之不可阶而升也"。

当然,孔子的"学"和"习"是紧紧联系在一起的,前面我们讲《学而篇》时,将"学而时习之"中的"习"解为实践,将学到的东西应用于实践,解决实践中的问题,才能让我们满足,让我们体会到学习的愉悦。毕竟学习本身不是目的,学习的目的应该是为了应用,所以只懂得学习而不懂得应用于实践当中,那只能说是书呆子,孔子也并不提倡这

样的学习。他说："诵诗三百,授之以政,不达,使于四方,不能专对;虽多,亦奚以为?"从这里可以看出孔子是非常强调学以致用的。如果只是读死书,那是毫无意义的。

当然,在"学"和"习"之间,还要再加上一个"思","学而不思则罔,思而不学则殆",孔子说:"吾尝终日不食,终夜不寝,以思,无益,不如学也。"学习是学习别人或者是前人已积累的东西,思就是力图在学的基础上有所批判,有所摒弃,在"习"的过程中有所发挥,有所创造。所以说,好学、善思、力行贯穿了孔子奋进的一生,也是我们终身笃行的不二法门。

雍也篇

本篇共包括 30 则。在这一篇中孔子通过对人物的评价具体阐述了为政之道,提出了治理百姓要"居敬而行简"等观点,体现了孔子的民本思想。此外,本篇还涉及"中庸之道""恕"的学说等,包括如何培养"仁德"的一些主张。其中著名的文句有:"贤哉回也,一箪食,一瓢饮,在陋巷""质胜文则野,文胜质则史,文质彬彬,然后君子""知之者不如好之者,好之者不如乐之者""敬鬼神而远之""己欲立而立人,己欲达而达人"等。

第五十一讲:犁牛之子

【原文】

6·1 子曰:"雍也可使南面。"

【讲述】

孔子说:"冉雍这个人,可以让他做一部门或一地方的长官。"

南面,古人以坐北朝南的位置最为尊贵,无论天子、诸侯、卿大夫,当他作为长官出现的时候,都是坐北朝南的。"可使南面",就是说冉雍同学具有做长官的才具,可以坐堂听政,这是孔老师对冉雍同学极高的评价。

在《论语》中，除了提到冉雍，还有冉耕、冉求，他们都是孔老师的得意门生。那么冉耕、冉雍和冉求又有怎样的关系呢？在《冉氏族谱》中这样记载，"离娶颜氏，生长子耕，次子雍。颜氏死，又娶公西氏，生求。"就是说，冉离娶了颜氏，生了长子冉耕、次子冉雍。后来颜氏死了，冉离又娶了公西氏，生下了冉求。从这个记载我们可以明了，"冉氏三贤"是同父异母的亲兄弟。大哥冉耕被大家公认为最像孔子，后来年纪轻轻却不幸染了重病，英年早逝，令人叹惋。

【原文】

6·10 伯牛有疾，子问之，自牖执其手，曰："亡之，命矣夫！斯人也而有斯疾也！斯人也而有斯疾也！"

【讲述】

伯牛病了，孔子前去探望他，从窗户握着他的手说："难得活了，这是命呀！这样的（好）人怎么会得这样的病啊，这样的（好）人怎么会得这样的病啊！"

为什么孔老师要从窗户外握伯牛的手，再结合后面他说的话，我们可以推断冉耕极有可能得的是恶疾或是传染病。当时是没有办法医治的，所以夫子很伤心，很绝望。我们知道，孔子很少谈到"命"，可是面对自己亲爱的弟子亡故时，他也会捶胸顿足、痛哭流涕，当看到奄奄一息的伯牛时，夫子痛心地说："这是命啊！"当听到颜回去世的消息时，夫子更是悲痛欲绝道："天丧予！天丧予！"在"四科十哲"里面，以德行著称的颜回、冉耕都先孔子而去，所谓"生死有命，富贵在天"，面对生死无常，纵使圣人也无法淡然超脱。

老三冉求，多才多艺，以政事见称，尤擅长理财，后来担任了季氏的家臣。公元前484年率左师抵抗入侵齐军，并身先士卒，以步兵执长矛的突击战术取得胜利，他趁机说服季康子迎回了在外流亡十四年的孔子,使夫子一行结束风尘漂泊得以重返故国。后来,冉有帮助季氏进行田赋改革,聚敛财富,受到孔子的严厉批评,这是后话。我们再回到冉雍这里来,且往下读——

【原文】

6·2 仲弓问子桑伯子。子曰:"可也简。"仲弓曰:"居敬而行简,以临其民,不亦可乎? 居简而行简,无乃大简乎?"子曰:"雍之言然。"

【讲述】

仲弓问到子桑伯子这个人。孔子说:"此人还可以,办事简要而不烦琐。"仲弓说:"以严肃认真的态度,简明扼要、干净利落的(行事)方式,来(为百姓)处理政务,不是可以的吗? 而以轻慢草率的态度(或以只求简单、少找麻烦的态度)来简单随便的处理政务,不是太简单(太不负责任)了吗?"孔子说:"冉雍,这话你说得对。"

孔子主张办事简明扼要,不烦琐,不拖拉,果断利落。不过,任何事情都不可太过。如果在办事时,一味追求简要,却马马虎虎,就有些不够妥当了。所以,孔子听完仲弓的话以后,认为仲弓说得很有道理。

从这则对话中,我们可以看出冉雍确实"可使南面",他对政事有自己独立的思考和见解。为政者居敬而行简,敬其事,思虑周全,简化程序,这是提高施政效率;居简而行简,不敬其事,敷衍草率,则是不负责任的表现。孔子说:"礼之用,和为贵。先王之道,斯为美,小大由之。知和而和,不以礼节之,亦不可行也。"(《论语·学而篇第一》)居敬,认真办理政务,"先之,劳之"(《论语·子路篇第十三》),这是忠于职守;行简,不以繁文缛节束缚人,是一种恕的品德,对人是一种包容和设身处地的尊重。"居敬行简"正是孔子"忠恕"之道在为政上的体现。

简是美德,但太简则不可;和为贵,但不能知和而和。我们在生活

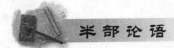

中也会发现,有些领导者太好说话了,什么都放过去,结果误了大事,出现了责任事故。当然更多的管理者是想方设法搞控制,制造很多内部规则来限制下级或下属,把简单的问题复杂化,把控制手段当成了目的,就形成了官僚主义的组织文化及权力的谋私导向。

【原文】

6·6 子谓仲弓,曰:"犁牛之子骍且角,虽欲勿用,山川其舍诸?"

【讲述】

仲弓,是冉雍的字,由于他的家庭是以游牧为生,加上父亲冉离是个品行不好的人,所以他很自卑。于是孔老师就鼓励他说:"用来犁地的牛生下的小牛,长着红色的毛、端正的角,就是不想把它作为祭祀山神的祭品,难道山神也会舍弃它吗?"在中国古代,供祭祀用的牲畜常用红色的牲畜,一般情况下不用耕牛,所以自然也不用犁地的牛产下的子。但是这个小牛太漂亮了,太好了,怎么可以舍弃不用呢?孔子这番话的言外之意就是,你的父亲虽然是个品行不好的人,但如果你自己很优秀,别人就不会在意你的出身地位低下而抛弃你。

其实,人的出身并不重要的,重要的是自己应有高尚的道德和突出的才干。只要具备了这样的条件,才会受到重用。就像山川之神不会舍弃"犁牛之子"一样,一个人只要有才具,就要出来为这个社会做点事情,从服务民众这个角度讲,就要有"牺牲"的精神。这从另一方面也说明,作为统治者来讲,选拔重用人才,不能只看出身而抛弃贤才,这出反映出孔子的唯才是举的政治主张。

第五十二讲：小米的多与少

【原文】

6·4 子华使于齐,冉子为其母请粟。子曰:"与之釜。"请益。曰:"与之庾。"冉子与之粟五秉。子曰:"赤之适齐也,乘肥马,衣轻裘。吾闻之也:君子周急不继富。"

【讲述】

子华,姓公西名赤,子华他的字,就是《侍坐》篇中"宗庙之事,如会同,端章甫,愿为小相焉"的公西华。冉子就是冉有,也称冉求,在《论语》中孔子弟子被称为"子"的只有四五个人,冉有即其中之一。

这时,子华同学的外交才能已初露锋芒,出使齐国,而此时孔子也已出仕为官,冉有这时可能在孔老师手下做事,于是他就替子华的母亲向孔子请求补助一些谷米,就类似于我们今天的出差补助。孔子说:"给一釜。"釜,古代量名,一釜约等于六斗四升。冉求同学可能觉得老师太小气了,就请求再增加一些。孔子说:"再给他一庾。"庾,也是古代量名,一庾等于二斗四升。冉求仍觉得不过意,最后给子华的母亲五秉,一秉是十六斛,五秉就是八十斛,约合今天的十六石,总之是非常多了。孔子知道后,就说:"公西赤到齐国去,乘坐着肥马驾的车子,穿着又暖和又轻便的皮袍。我听说过,君子只是周济急需救济的人,而不是周济富人的人。"

孔子主张"君子周急不济富",这是从儒家"仁爱"思想出发的。孔子的"爱人"学说,并不是狭隘的爱自己的家人和朋友,而是带有一定的普遍性。但他又认为,周济的只是穷人而不是富人,应当"雪中送炭",而不是"锦上添花"。每每读到这里的时候,我就由衷地佩服孔子,他不仅仅是学问做得好,人情也参得透,不仅"可托六尺之孤,可寄百里之命",就是亲戚邻里朋友间他都处得好,都让人信服。所以前面我们讲到夫子之志:老者安之,朋友信之,少者怀之。可我们却往往看得来、学不来,悟得到、做不到。

就说借钱这件事吧:多少人拉不下面子,心里不情愿,可又抵不过软磨硬泡;多少人借钱是孙子,还债是大爷,死皮赖脸不讲信义;多少亲朋好友因为借钱而成陌路,或是由恩变仇。老祖宗说得好"斗米恩,升米仇",亲情、友情和信义在人性的贪婪面前常会变得软弱无力、不堪一击。

在这一点上,我们一定要记住孔子的话:君子周急不继富。今天,亲朋好友在急难之处,我们两肋插刀,义无反顾,这是讲仁义。明天,你要做生意,没资金,要借钱,对不起,没有,因为钱对谁都是稀缺资源,再好的朋友也没有通财之义。如果借钱可以,朋友就变成了合伙人了,而君子之交淡如水的友谊也就到头了,我想,这是再糟糕不过的事情了。

【原文】

6·5原思为之宰,与之粟九百,辞。子曰:"毋!以与尔邻里乡党乎!"

【讲述】

原思,姓原名宪,字子思,鲁国人。这则对话的背景应是孔子在鲁国任司寇时,原思做他家的总管。因为原思是孔子的学生,孔子给他俸米九百,后面没有单位,是九百斛,还是九百斗,还是别的,没有说,总之是不少了,大大超出了原思同学的期望,所以原思就推辞不要。孔子说:"不要推辞。(如果有多的,)就给你的乡亲们吧。"邻里乡党,相传古代以5家为邻,25家为里,12500家为乡,500家为党。这里就理解为同乡或家乡周围的百姓吧。

原思给孔子家当总管,不要老师的俸禄,孔子态度很坚决,是你就是你的,财物在你手里,你可以分给乡里乡亲啊。对原思的劳动所得,该给多少就给多少。该给多就不能少给,接受者觉得多了,也得给,这是对他劳动的尊重。原思推辞不要,孔子要求他别推辞,还为他寻找理由:如果你有多的,就给你的乡亲们吧。这是一个多么善解人意的夫子啊!

上面两则关于小米的对话,我们可以看出孔子的主张:即见得思义,不可见利忘义,不是要人放弃正当的个人利益,而是合理地支配财物,为更好地实现"仁"服务。君子喻于义,要懂得该得的也不可推却。不是你的你别要,要也不给,该是你的就要得,不得也是不义。

第五十三讲:从政的才具

【原文】

6·8 季康子问:"仲由可使从政也与?"子曰:"由也果,于从政乎何有?"曰:"赐也可使从政也与?"曰:"赐也达,于从政乎何有?"曰:"求也可使从政也与?"曰:"求也艺,于从政乎何有?"

【讲述】

季康子,即季孙肥,他在公元前492年继其父为鲁国正卿。此时鲁国公室衰弱,以季氏为首的"三桓"把持国政,而孔子这时正在各地游说。八年以后,孔子返回鲁国,季氏以"国老"之礼待之。此时,季康子正在推行"新政",急需人才,所以向孔子垂询。

季康子问孔子:"仲由这个人,可以让他治理政事吗?"孔子说:"仲由做事果断,对于治理政事有什么困难呢?"季康子又问:"端木赐这

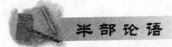

个人,可以让他治理政事吗?"孔子说:"端木赐通达事理,对于治理政事有什么困难呢?"又问:"冉求这个人,可以让他治理政事吗?"孔子说:"冉求多才多艺,对于治理政事有什么困难呢?"

在这段对话中,季康子首先问到是仲由,就是子路。孔子的评价是一个字——"果",果断,有决断力。这是子路的一大优点,就是处事果断,有决断,能担当。我想,这是为政的第一素质,前面我们在《为政篇》讲到,全篇以"见义不为,无勇也"作结,是大有深意的。为政,关键在一个"为"字,要担当作为,要干事创业,要有"天变不足畏,祖宗不足法,人言不足恤"的英雄胆识,要有"虽千万人吾往矣"的英雄气概。否则,前怕狼后怕虎,瞻前顾后,畏首畏尾,就什么事也做不了。

《三国演义》第二十一回"曹操煮酒论英雄"中,曹操与刘备历数当世英雄,刘备第一个提到的是袁术,第二个就是河北袁绍,四世三公,门多故吏,且虎踞冀州之地,部下能事者极多。而曹操却看不起袁绍,曹操对袁绍的评价是:色厉胆薄,好谋无断;干大事而惜身,见小利而忘命。曹操是不是过于自负了呢?从三国演义后面的情节来看,曹操的这番话确实体现了一个政治家的高瞻远瞩:袁绍空自兵强马壮,先自毁长城,拘田丰于狱中,关沮授于军营,驱许攸于阵前,终被曹操破于官渡,十余年内,其三子先后被曹操所灭。袁绍这个人最大的缺点就是色厉胆薄,好谋无断,外表很威风,内心却胆怯,能谋事却不能断事,就是少了一个"果"字。作为一名从政者,就要在其位谋其政,谋其政就要有预见性,更要有决断力,处事要刚毅果断,决不可拖泥带水,所谓"当断不断,必受其乱",袁绍就是一个很好的反面教材。

提到的第二位高徒是子贡,孔子的评价是"达",通达圆融,理事无碍,事事无碍。后面我们还要讲到,孔子拿颜回与子贡作对比,说"回也其庶乎,屡空",就是说颜回的道德修养已经差不多了,可是他常常很贫困。"赐不受命,而货殖焉,亿则屡中",子贡却不听天由命,去做生意,猜测市场行情往往很准。这就是子贡,做生意"亿则屡中"。

正因为子贡通达事理,又有杰出的"言语"才能,所以他才会被鲁、卫等国聘为相辅。正因为他有政治才能,他才会在出使齐、吴、越、晋四国的外交活动中得心应手,获得圆满成功。所谓"达"就是通达事理,试想一个从政的人如果能够通达事理,他就会高屋建瓴,从宏观上把握问题的全局和整体,把政事处理得有条不紊。

提到第三位高徒是冉有,孔子的评价是"艺",多才多艺,具有多面的才能。有一次,子路问孔子怎样才算是一个完备的人?孔子回答说:"要有臧武仲的智慧、孟公绰的克制、卞庄子的勇敢,再加上冉求的才能、技艺以及礼乐的陶养,也就可以算是一个人格完备的人了。"可见冉求的才艺在当时是非常出色的。

为政是一件苦差事,既要有"先之,劳之"的勤勉精神,吃苦在前,辛劳在前,"一沐三握发,一饭三吐哺",又要有"战战兢兢,如临深渊,如履薄冰"的谨慎态度。如果做到了这些,就可以称得上是"具臣"了,可以坐堂理政了,但还算不上"大臣","大臣"就要具有政治家的素养,要有"谈笑间、樯橹灰飞烟灭"的胸襟气度,更要有"指点江山、没激扬文字"的意气纵横。这里所说的"艺",我的理解不一定是琴棋书画样样皆通,射御书数门门都精,而是一种诗人气质、文人风骨,用一种出世的心去做入世的事,方能处决如流而不拘于物,业精于勤而不为物累。

果、达、艺,都是为政者的优秀品质,皆美德也。从政者必须有决断力、判断力及与从政相关的才具。孔子的学生当然这三者都要具备,只是有的学生在某一方面较为突出。仲由长于决断,端木赐长于做出正确的判断,冉求则在六艺之文上功力过人。后来,子路、子贡和冉有

三人走上政治舞台之后,他们的才能都得以不同程度的发挥,在从事国务活动和行政事务方面,各展其长,各有建树。

第五十四讲:人各有志

【原文】

6·9 季氏使闵子骞为费宰。闵子骞曰:"善为我辞焉!如有复我者,则吾必在汶上矣。"

【讲述】

前则我们讲到季氏向孔子垂询门下人才,孔子一一做了对答,这回季氏直接派人去请闵子骞做费邑的长官了。费,是季氏的封邑,在今天我们山东费县西北一带。没想到,闵子骞(却对来请他的人)说:"请你好好替我推辞吧!如果再来召我,那我一定跑到汶水那边去了。"汶,水名,就是现在的大汶河,当时流经齐、鲁两国之间。在汶上,是说要离开鲁国到齐国去。这句话,说得很客气也很坚决,就是这事不要再提了,如果非逼我不行,那我就直接跑人了。

儒,右边一个人,左边一个需,就是说一个真正的君子,在社会、在民众需要他的时候,就要积极出来做事,有所担当,服务大众。但是儒家也讲"君子之仕也,行其义也",义者,宜也,当行于所当行,当止于所不可不止。在这一点上,闵子骞做得很好,当年季氏赶走鲁昭公,逼走孔子,想必这些事闵子骞都历历在目,他怎肯屈膝侍奉季氏这样一个主子呢? 所以,他辞得很坚决,人各在志,强求不得。

那么闵子骞究竟是何许人呢? 我们大都是通过《二十四孝图》知道他的,这位高人姓闵名损,字子骞,鲁国人,是孔子的老乡,比孔子小

15 岁。他出身贫寒，为家境所迫，很小就从事体力劳动，经常随父亲驾车外出谋生，过着十分清苦的生活。后来拜师孔子，成为孔子思想的忠实推行者和积极宣传者，终生不愿出任官职，直到 50 岁时去世。在孔门中以德行与颜回并称，为七十二贤人之一。

闵子骞以孝行名闻天下。他少年丧母，父亲娶了继母。继母偏爱自己亲生的两个儿子，虐待闵子骞，子骞却并不告知父亲，避免影响父母间关系。某年冬天，继母给自己的孩子做棉袄，而假装给子骞棉袄，其实内里填的是芦苇。一日父亲坐车带他们兄弟三个外出，让闵子骞在前边掌鞭赶车，闵子骞因寒冷饥饿无法驭车，马车滑入路旁的水沟内。父亲非常生气，说："你这个孩子真没出息，穿得这么厚还打哆嗦！看你弟弟，棉袄比你的薄，也没像你冻得那个样子。"呵斥后还鞭打他，结果抽破衣服露出了芦花。父亲再捏捏另两个儿子的棉衣，心里明白了，父亲知道自己冤枉了闵子骞，而后大骂妻子，决定休妻。子骞长跪于父亲面，为继母求情："母在一子寒，母去三子单。"父亲便不再休妻，继母也痛改前非。这就是孔子教育的结果，"孝"道无亏，"恕"道也践行得好。

孔子曾言："孝哉，闵子骞！不仕大夫，不食污君之禄。"这是对这闵子骞极高的评价。宋代大儒朱熹对闵子骞的这一做法极表赞赏，他说：处乱世，遇恶人当政，"刚则必取祸，柔则必取辱"就是说硬碰或者屈从都要受害，又刚又柔，刚柔相济，才能应付自如，保存实力。这种态度才能处乱世而不惊，遇恶人而不辱，这是极富智慧的处世哲学。不与乱臣贼子为伍，仁也。有道则居，无道则离开，智也。对小人要敬而远之，这是在无道的社会中君子的生存智慧。在《公冶长篇第五》中，孔子主张君子当能免于刑戮。在《泰伯篇第八》中，孔子认为对小人不可"疾之已甚"而导致招祸。在《卫灵公篇第十五》中，孔子主张

"邦有道则仕,邦无道则卷而怀之"。这些思想都是一以贯之的。君子虽然要铁肩担道义,知其不可而为之,但不可做无谓的牺牲。所以,下文孔子就特别提到颜回。

【原文】

6·11 子曰:"贤哉,回也! 一箪食,一瓢饮,在陋巷,人不堪其忧,回也不改其乐。贤哉,回也! "

【讲述】

孔子说:"颜回的品质是多么高尚啊! 一箪饭,一瓢水,住在简陋的小屋里,别人都忍受不了这种穷困清苦,颜回却没有改变他的快乐。颜回的品质是多么高尚啊! "

夫子在这句话中,开口一个"贤哉,回也",闭口一个"贤哉,回也",对颜回是赞赏极了。在整部《论语》中孔子这样夸学生,是绝无仅有的。到底颜回做了什么,让夫子这样高兴呢? 其实,也没什么,就是"一箪食,一瓢饮,在陋巷"嘛,其实,身处这样困顿之中的大有人在啊,这不是重点,关键是颜回可以做到"不改其乐",这是很难的。我们常说"一文钱难倒英雄汉""贫贱夫妻事事哀",就是这个道理。面对贫贱,多数人都是"不堪其忧"的,这里讲颜回"不改其乐",这也就是"贫贱不能移"的精神,这里包含了一个具有普遍意义的道理,即人总是要有一点精神的,为了自己的理想,就要不断追求,即使生活清苦困顿也自得其乐。

这里,我想到了诸葛亮《诫子书》中的两句话:非澹泊无以明志,非宁静无以致远。"澹泊"这个词用得极妙,就是"素富贵,行乎富贵;素贫贱,行乎贫贱"的意思,不为物累,看得淡,才能悟得透,悟得透,才能行稳致远。宋人讲"寻孔颜乐处",就是对这种境界的推崇,孔子可以"饭疏食,饮水,曲肱而枕之,乐亦在其中矣",视富贵如浮云,当看到自己的高徒颜回也可以处陋巷而不改其乐时，便不由得伸出大拇指，好好夸奖一番了。

第五十五讲：画地为牢

【原文】

6·12 冉求曰："非不说子之道，力不足也。"子曰："力不足者，中道而废。今女画。"

【讲述】

冉求说："我不是不喜欢老师您所讲的道，而是我的能力不够呀。"孔子说："能力不够是到半路才停下来，现在你是自己给自己划了界线不想前进。"

前面我们在讲"冉氏三贤"的时候说到"求也艺"，冉求的才艺在当时是非常出色的，并且能受到当政者的赏识，有机会出来办理政事，虽然冉有跟子路同样有政治才华，同属政事科，但两个人的个性完全不一样，子路是比较刚强、果决，冉有比较柔弱、退让。因此孔子对子路、冉有的教导方式也有所不同。

教育学上有一个很有名的"闻斯行诸"的案例，就是拿子路和冉有说事的。这两位同学都问了同一个问题：听到一件合于义理的事，立刻就去做吗？孔子却作了不同的回答。由于子路性情直率，做事有时不免轻率，所以孔子要他在听到一件该做的事时最好先向父兄请教后才去做。而冉有则由于个性谦退，遇事往往畏缩，因此孔子要他在听到一件该做的事后立刻去做。孔子这样以一进一退来适性教育弟子，便能使他们避免过与不及的毛病。

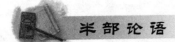

联系上一讲季氏使闵子骞为费宰,闵子骞为什么拒绝?就是不想助"季"为虐,但是人各有志啊,闵子骞不做,总有人来做嘛,这个人就是冉有。冉有后来做了季氏的家臣,帮助季氏推行"新政",使"季氏富于周公",而冉求还为之聚敛。孔子听说后,非常生气说曰:"非吾徒也,小子鸣鼓而攻之可也。"这话就说得很重了,也就是说与冉有要断绝师徒之谊,并且号召众弟子群起而攻之了。可见,冉有虽有迎孔子归国之功,却违背了夫子"君子之仕也,行其义也"的教导,在现实与现实之间妥协了。所以冉有一再受到夫子的责备。他为自己解释说:"不是先生的'道'不好,是我做不来呀!"孔子也是不依不饶:"做不来,那是中道而废,而你现在是画地为牢,裹足不前。"

类似这样的对话还出现在"季氏将伐颛臾"篇里。当冉有、季路把"季氏将有事于颛臾"的消息报告给孔子时,孔子坚决反对,并且质问二人为什么不阻止?冉有辩解道:"季孙要这么干,我们两个做臣下的都不愿意。"孔子用周任的话教训冉有:"陈力就列,不能者止。"你如果做不到,就不要做,在那个位置上就要谋其事,当冉有一再解释时,孔子说了一句"求!君子疾夫舍曰欲之而必为之辞。"就是说我最厌恶的那些不肯说(自己)想要那样而偏要找借口的人。

《孟子·梁惠王上》记载了一段对话,很有意思,孟子对梁惠王说:"挟泰山以超北海,语人曰:'我不能。'是诚不能也。为长者折枝,语人曰'我不能',是不为也,非不能也。"就是说,要一个人把泰山夹在胳膊下跳过渤海,这人告诉人说:'我做不到。'这是真的做不到。要一个人为老年人揉揉胳膊这人告诉人说:'我做不到。'这是不愿意做,而不是做不到。

我们也可以借用一下这句话,再说说冉有——冉有啊,让你以道佐人主,以仁治百姓,不是属于把泰山夹在胳膊下跳过渤海的一类事,而是属于为老年人揉揉胳膊的一类啊。你不是能啊,是不做啊!可见,夫子失望至极。所以,他对子夏说了下面的话。

【原文】

6·13 子谓子夏曰:"女为君子儒!无为小人儒!"

【讲述】

孔子对子夏说:"你要做个君子式的儒者,不要去做小人式的儒者。"

这一则的关键在于对何为"君子儒",何为"小人儒"的理解。

第一种认为所谓"君子儒"就是"下学而上达",而"小人儒"则是仅限于"下学",未达到"上达"的水平。也就是说君子儒通过日常的生活学习,能发现世间最根本的真理,也就是能掌握"道"的真谛;而小人儒则是还处于学习的初级阶段,还处于知识的积累阶段,距离感知"道"还有一点的差距。孔子对子夏说这些话,就是认为子夏所学还不够精深,还需要继续努力。

第二种理解,将君子儒和小人儒与佛教的大乘和小乘做比较进行理解,就是说君子儒与大乘佛教相当,之所以要求学,其目的是为了通过学习提高自己,致力于治国平天下,为大众苍生造福;而小人儒则存在一定的局限性,其求学的目的仅限为提高自身的修养,没有立志于为国为民。

我们再结合上则对冉有的批评,也可以看出孔子对子夏同学的希望,就是希望他不仅要致力于自我革新、自我完善,还要将所学的知识发扬光大,致力于服务民众的社会实践中。君子儒就是要光明峻伟,"居天下之广居,立天下之正位,行天下之大道",就要做到"得志,与民由之;不得志,独行其道",而不能像冉有一样委曲求全,降志辱身,画地为牢,裹足不前。

第五十六讲：行不由径

【原文】

6·14 子游为武城宰。子曰："女得人焉耳乎？"曰："有澹台灭明者，行不由径，非公事，未尝至于偃之室也。"

【讲述】

子游，姓言名偃，字子游，又称叔氏。擅文学，曾任鲁国武城宰，阐扬孔子学说，用礼乐教育士民，境内到处有弦歌之声，为孔子所称赞。孔子曾云："吾门有偃，吾道其南。"意思是我门下有了言偃，我的学说才得以在南方传播。上面这则对话就是发生在子游担任武城宰时，孔子说："你在那里得到了人才没有？"子游回答说："有一个叫澹台灭明的人，走路不插小路，没有公事从不到我屋子里来。"这个澹台灭明就是子羽，"以貌取人，失之子羽"说的就是这位。

大概是得到了子游同学的推荐，后来子羽求学到孔子门下，想侍奉孔子。但是当他来到孔子面前时，孔老师却皱起了眉头。因为这个人长相实在是太丑陋了。所以孔子当时就想这个子羽同学没什么大出息，不过人家既然求上门来了，就让他跟着学吧！但孔老师又觉得整天看着这么个丑八怪，心里难免不爽，就免了让他随在身边侍候的工作。就这样，澹台灭明因为样貌丑的原因，最终失去了在身边侍奉孔子以求教的机会，他在这里跟孔子学习了一段时间之后，掌握了孔子学说的大义后就光荣结业了。

虽然子羽同学没有受到老师的重视，但是他回去以后却脚踏实地领悟实践孔子的学说，处事光明正大，不存偏私，宽谅别人无心的过失，却对自己严格要求，不是为了公事的话，从来不登公卿大夫之门。

子羽一直游历长江一带,传授孔子的仁德思想,许多年轻人慕名而来,据传他去楚国讲学时,跟随他一起去的弟子超过了三百人。孔子听说后,不由感慨地说:"我当时以貌取人,真是失之子羽啊。"这就是典故"以貌取人,失之子羽"的来历。

再说说"行不由径",就是说走路不抄小道,喻为人正直,行动正大光明。周朝实行井田制。就是一块田划井字分为九块,中间那一块是公田,收成归国家所有,周围的八块是私田,收成归个人所有。井田以外的叫路,以内的叫径。按周礼,人可以在路上行走,但是不能随便走进别人井田里的小径,因为这是属于个人的领地,穿行于小径的行为是不合礼的。朱熹是这样注释的,"不由径,则动必以正,而无见小欲速之意可知。非公事不见邑宰,则其有以自守,而无枉己徇人之私可见矣。"意思就是从澹台灭明不抄小道、不放纵小私小欲,在这些小事上就可以体现出他做事定会正大光明,从不私下求见邑宰,避免徇私事情的发生,可以看出其严以律己的高尚品格。

以小见大,可见子羽同学行的是正路,求的是大道。可是我们现代人却总想另辟蹊径,总想抄小路,走捷径。孩子从小就要"赢在起路线上",人人都想抢跑,个个都想速成,却忘了"欲速则不达"的古训。做了很多拔苗助长的事情,却不尊重儿童身心发展的规律,忽略了孩子作为一个鲜活的生命个体的独特体验,让很多孩子过早的跌入功利主义的泥潭,从而失去了童年的欢笑。人就是这样,放着大路你不走,放着大门你不走,却非要找什么捷径,于是孔老师反问道——

【原文】

6·17 子曰:"谁能出不由户?何莫由斯道也?"

【讲述】

孔子说:"谁能不经过屋门而走出去呢?为什么没有人走(我所指

出的)这条道路呢？"这里所说的,其实仅是一个比喻。孔子所宣扬的"德治""仁政""礼制",在当时不被当权者采纳,他内心感到很不理解,所以夫子很失望,自言自语,明明是大道至简,却少有人走,真是不明白,这些人心里是怎么想的?

"户",门户,指房门。其实门与户是有区别的,通常一扇的叫户,两扇的叫门。也有一种看法认为在外者称门,在内者称户。我们常讲"登堂入室",古代院落由外而内的次序是门、庭、堂、室。进了门是庭,庭后是堂,堂后是室。室门叫"户"。

朱熹在《论语集注》中引用了洪兴祖的话,"人知出必由户,而不知行必由道。非道远人,人自远尔。"每个人都知道从屋里出来必须经过门,但是不知道做事必须遵循道,并非道离开了人,而是人自己偏离的道。其实,这里所说的"道"已非字面所指,按《中庸》的话讲"天命之谓性,率性之谓道,修道之谓教""道也者,不可须臾离也",这个道就是宇宙运行的根本规律,也是人类社会运行的根本规律,人要做的就是遵道而行,才会走上光明正大的人生之途。可惜,道理人人都懂,但人性的弱点决定了很多人宁愿陷在欲望的泥沼中不能自拔,也没有自我革新的勇气和勇猛精进的力量,致使岁月蹉跎,年华虚度,细细品味,夫子此叹总有些"哀其不幸,怒其不争"的悲凉意味在其间。

第五十七讲：质与直

【原文】

6·18子曰:"质胜文则野,文胜质则史。文质彬彬,然后君子。"

【讲述】

孔子说:"质朴多于文采,就未免粗野;文采多于质朴,就会流于虚浮。只有文采和质朴配合恰当,才是真正的君子。"

"文",《说文解字》称:"文,错画也,象交文。"其本义是指各色交错的纹理,有文饰、文章之义。"野",此处有粗鲁、鄙野之意,缺乏文采。"史",言词华丽,这里有虚伪、浮夸的意思。钱穆先生注为"史,宗庙之祝史,及凡在官府掌文书者",将这一则译为:"质朴胜过文采,则像一乡野人;文采胜过了朴质,则像宗庙里的祝史(衙门里的文书员)。只有质朴文采配合均匀,才是一君子。"

文质彬彬,是君子的气象,更应当是我们教育培养人的目标。前面我们讲到孔子和子夏的对话很有意思。子夏问曰:"'巧笑倩兮,美目盼兮,素以为绚兮'。何谓也?"子曰:"绘事后素。"曰:"礼后乎?"子曰:"起予者商也,始可与言诗已矣。"这则对话非常高明地道出了礼与仁的关系,就是"礼后乎",仁是根本,是第一位的。同样,这一则中讲到"文质彬彬"就是说文与质要均衡,要相当,但是相比较而言,质比文要更重要一些。就像白水可以调和各种味道,白色的底色可以承受各种色彩的渲染一样。也就是说一个人有好的道德品质是根本,外表次之。如果过分强调"文",反而会失去"质"的本质,也就是说会失去其根本。即使还保留下来了形式上的东西,又有什么用呢? 所以与其追求虚伪和浮夸,宁可保留粗鄙一些的良好本质。

今天,我们说一个人文质彬彬可能更多的是指向外表。这让我想到了南开的"容止格言":面必净,发必理,衣必整,纽必结;头容正,肩容平,胸容宽,背容直。这是一个人所受教育、家庭教养和个人价值追求的综合反映,有没有自信、有没有追求、充不充实、作风严不严谨、心情愉不愉快都在这里得到反映。所以,我们首先要把自己料理明

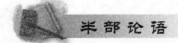

白,这是一切美好的开始。我们要关注自己的形象,毕竟没有人愿意透过你邋遢的外表去了解你高贵的灵魂。

当然,这是其外在的要求,还要看其内在的修养。其实,"容止格言"后面的两句才是关键——气象:勿傲、勿暴、勿怠;颜色:宜和、宜静、宜庄。气象就是一个人的气色表象,最容易伤人的三种气象状态就是傲、暴、怠。傲慢是典型的自以为是、自高自大;暴躁既伤人也伤己,情绪失控容易酿成大祸;怠是怠慢、懈怠,不恭敬,松懈懒散。颜色是指和颜悦色,脸色和蔼喜悦、和善可亲。宜,就是应该,应该怎么样?三个字——和、静、庄。和是和气、和善,如春风拂面;静是安静、文静,如平湖秋月;庄是庄重、端庄,如高山巍峨。这里的气象就是良好的质地所折射出来的光彩,一个人道德修养到了一定程度,一定表现在他的举手投足,一言一行中,从而散发出一种令人敬仰的君子气象。

【原文】

6·19 子曰:"人之生也直,罔之生也幸而免。"

【讲述】

孔子说:"人能够安身立命的根本是为人正直、待人真诚,如果不正直,经常欺瞒、蒙蔽他人,也能生存,那只是他侥幸避免了灾祸。"

"直",真诚而正直。"罔",诬罔不直的人,也就是不真诚、不正直,经常欺瞒、蒙蔽他人。"直",是儒家的道德规范,与前则的"质"相呼应,直即直心肠、耿直、坦率、正直、正派之意,同虚伪、奸诈相对。朱熹引用了程颐的话"生理本直。罔,不直也,而亦生者,幸而免尔"。儒家相信"人之初、性本善",人在出生的时候,本性是真诚、善良的,但是随着年龄的增长,欲望让很多人渐渐迷失了本性,学会了虚伪、诡诈,为了自身的私利,经常去欺瞒、蒙蔽他人。古人是相信善有善报、恶有恶报的,但是也有些诬罔不直的人,没有及时得到应有的报应,只能说是他侥幸避免了灾祸。

我们讲"君子慎独,不欺暗室",就是说:君子在独自一人的时候,也能够坚守自我,不做违反道德准则的事,亦不做亏心事。在古代,州府县衙的大堂前都有这样一副对联:尔俸尔禄,民膏民脂;下民易虐,上天难欺。因为古人相信:天地在上,鬼神难欺,吾虽过在隐微,而天地鬼神,实鉴临之,重则降之百殃,轻则损其现福。(《了凡四训》)这就是古人的道德律。当然,现代人统统称之为迷信,其实,这不是迷信,你可以不信,但不是迷信。清代名臣曾国藩留给子孙的临终遗言有四条,第一条便是"慎独而心安"。他讲:养心之难,又在慎独。能慎独,则内省不疚,可以对天地质鬼神。大家试想,一个人如果能做到没有一件愧疚之事,那么就可以"对天地质鬼神",那么,这便是人生第一自强之道,也是人间第一寻乐之方。可是,古往今来,能够做到的又有几人呢?

第五十八讲:孔子的教育哲学

【原文】

6·20 子曰:"知之者不如好之者,好之者不如乐之者。"

【讲述】

承接上文,教育的培养目标就是培养文质彬彬的君子。而这个过程是长期的,也是反复的,必然切磋之,琢磨之,不断修改自我的过程既是痛苦的,也是快乐的,所以《学而篇》开宗明义:学而时习之,不亦说乎?这一则,夫子又说:"懂得它的人,不如爱好它的人;爱好它的人,又不如以它为乐的人。"

"之"，孔子在这里没有具体指什么，大部分人认为泛指，可以包括学问、技术、事业等等。也有一种说法，认为此处孔子所指就是仁德。朱熹在《论语集注》中引用了尹彦明的话，"知之者，知有此道也。好之者，好而未得也。乐之者，有所得而乐之也。"知之者仅对所学的内容有所了解，知道学习对自己是有帮助和提高的。通过一段时间的学习，了解更深入一些后，才能发自内心的产生喜爱之情，我们经常遇到的对于一件事物没有根本上的了解就妄下结论，说我喜爱此物，只能是感兴趣，是知之者，而不是好之者。继续学习，当有所收获，特别是将所得用于实践，真正解决问题或帮助到了别人，从中我们才能体会到乐，也就是实现了"学而时习之，不亦说乎"了。

当前，教育最大的悲哀就是填得太满，管得太死了。孩子每天都被各科作业填得满满的，"废寝忘食"倒是做到了，却没有"乐以忘忧"啊，相反却是苦不堪言。为什么呢？就是这些死记硬背的知识没能和孩子的生活发生关联，学生的认知没有经历一个由感性认识到理性认识再到应用实践的过程，只知其然而不知所以然，最后就是"学而不思则罔"了，"罔"就是疑惑了，危险了。

再就是我们没能很好地激发孩子的学习兴趣，学习确实是一件很辛苦的事情，但辛苦地学，和不喜欢硬被逼着学完全是两回事。孩子可能学得很辛苦，但是并不等于要让他很痛苦。而逼着孩子痛苦地学习结果是什么呢？就是孩子疲于应付，学习兴趣消失，生活热情丧失，理想信念缺失，小小年纪就老气横秋、自私冷漠。我想，还给孩子一个快乐的童年，这比什么都重要。同样一堂课，为什么一定要正襟危坐、声色俱厉，为什么不可以轻松一些、幽默一点？的确，我们应当站在激发孩子学习热情的高度来持续推进我们的课堂教学革命，而不是陷入技术主义的泥沼，让孩子从一个火坑跳入另一个火坑。

我们应当为孩子的未来计,点燃孩子的理想之光,树立孩子的志向之标,引导孩子体验学习的快乐、成功的快乐,最终让孩子的兴趣变为特长,让特长成就学业,让所学成为工作,让工作成就事业。也就是说当孩子的志趣与学业和他未来所从事的工作趋向一致时,才会让孩子拥有一个幸福的人生。如果孩子自己不喜欢,不知道为何而学,更体验不到学习的快乐,那么,我们即使让孩子看似成功,他最终也成不了一流的人才。如果想做到某个行业前20%的话,可以靠外力去逼一逼;但如果想做到前5%,一定需要"真正喜欢"。而要成为前5%,除了真正热爱,天赋也很重要。所以,下面孔子讲到教育要因人而异,要因材施教。

【原文】

6·21 子曰:"中人以上,可以语上也;中人以下,不可以语上也。"

【讲述】

这一则,体现了孔子一个重要的教育哲学。一方面,孔子认为"有教无类",每个人不管贤愚不肖、贫富贵贱都有接受教育的权利。另一方向,孔子也认为人从出生就有聪明和愚笨的差别,即上智、下愚与中人。在《季氏篇》中孔子将人的天赋这样进行了分类,"生而知之者,上也。学而知之者,次也。困而学之,又其次也。困而不学,民斯为下矣"。第一等是上智之人,即所谓的"生而知之者";第二等是"中人",包括"学而知之者"和"困而学之"的人,也就本章中所谓的中人;第三等下愚之人,即中人以下。

正是因为每个人的天赋不同,作为老师就要做到因材施教,相机说法。朱熹在《论语集注》中这样注释,"言教人者,当随其高下而告语之,则其言易入而无躐等之弊。"意思就是:教学过程中应该"因材施教",根据学生天赋或智力的高下不同,选择不同的教学方法或教学

深度,才能使学生易于接受、掌握,而避免出现跃级教授反而造成学生无法理解的错误。

作为教师,我们要发现孩子的"长板",唤醒孩子沉睡的潜能,激发孩子学习的热情,让孩子看到美好,看到未来。我想,什么是教育?教育就是帮助孩子找到他们"可以伟大"的地方,让他们在通往伟大的道路上行动起来。

作为教师,我们要在帮助孩子认识世界的过程中,让他认识一个独一无二的自己。通过学会选择和放弃,来真正明晰自己的人生目标。在这个过程中,给孩子安装上方向盘,让他自己把控人生方向;安装上动力系统,让他有澎湃的动力去跋山涉水、跨山越岭;安装上刹车,让他自己预控风险、平安出行。

向孔子学着当老师,要学的地方很多,最关键的就是要学习他那深沉热烈的人文主义情怀,作为一个精神导师,就是要做一个火把,点染孩子沉睡的精神世界,让每个孩子的心里照进阳光,眼中看见美好,脚下充满力量。

第五十九讲:仁者见仁,智者见智

【原文】

6·22 樊迟问知,子曰:"务民之义,敬鬼神而远之,可谓知矣。"问仁,曰:"仁者先难而后获,可谓仁矣。"

【讲述】

樊迟问孔子怎样才算是智,孔子说:"专心致力于(提倡)老百姓应该遵从的道德,尊敬鬼神但要远离它,就可以说是智了。"樊迟又问怎样才是仁,孔子说:"仁人对难做的事,做在人前面,有收获的结果,他得在人后,这可以说是仁了。"

对于孔子回答樊迟什么是"智"的问题,朱熹注解到"专用力于人道之所宜,而不惑于鬼神之不可知,知者之事也。",他还引用了程颐先生的话,"人多信鬼神,惑也。而不信者又不能敬,能敬能远,或谓知矣。"古时,对于"鬼"一般认为是自己祖先的魂魄,而"神"则是泛指所有的神灵。人过于迷信鬼神只会使自己迷惑,对于鬼神的尊敬是孝道的体现,作为一名明智的执政者,则应该专注于维护人民的利益,而不是"不问苍生问鬼神"。《左传》中有这样一句话"国将兴,听于民;将亡,听于神",也是同样的意思。

对于什么是"仁"的问题,朱熹是这样注解的,"先其事之所难,而后其效之所得,仁者之心也。"就是说先劳而后获,这才是仁者所为。也就是范仲淹的"先天下之忧而忧,后天下之乐而乐",简单一句话,却道出了古往今来一切圣贤共同的心胸抱负。

前一则我们讲到孔子的教育哲学:中人以上,可以语上也;中人以下,不可以语上也。樊迟的问题何为"智"、何为"仁",问得很高深,孔子却答得很平实。就是说,你先去做事,做了再去想收获。在《论语》中这位樊迟同学经常给夫子驾车,作为配角,自然经常和老师唠唠嗑。有一次,对樊迟问稼,孔子不以为然,等樊迟一走,就说"小人哉,樊须也!"这里的"小人"并没有人格上的褒贬之意,而是说樊迟同学甘于做一个平头百姓,这和夫子所倡导的君子之道是相违背的,所以夫子才会失望。孔子认为有远大志向的人不该问稼穑之事,所以才会说樊迟是"小人"。面对这样一位才志平平学生,夫子的回答很巧妙,很有针对性,是一则成功的教学案例。下面继续探讨"仁"和"知"的问题。

【原文】

6·23子曰:"知者乐水,仁者乐山。知者动,仁者静。知者乐,仁者寿。"

【讲述】

孔子说:"聪明人乐于水,仁人乐于山;聪明人活动,仁人沉静。聪明人快乐,仁人长寿。"知者乐水,仁者乐山,已成成语,就是说聪明人喜欢水,仁人喜欢山。也有人直接把"乐"注为yào。我并不认同这样的理解,道理很简单。如果仁者乐山,智者乐水,那么隋炀帝三下江南,宋徽宗游山玩水,是不是仁者,算不算智者?我个人以为,这里应当是断句的问题,应读为:知者乐,水;仁者乐,山。知者动,仁者静。知者乐,仁者寿。这样断,句式才和后文一致,整齐押韵,读起来才美。就是说:仁者的快乐,像高山,壁立千仞,高山仰止;智者的快乐,像流水,流动不居,活活泼泼。智者像水一样灵动、快乐;仁者像山一样安泰、久长。

朱熹在《论语集注》是这样注释的:知者达于事理而周流无滞,有似于水,故乐水;仁者安于义理而厚重不迁,有似于山,故乐山。意思就是智者对于世间事理能融会贯通,就像水一样周流无滞,故乐水。仁者能安心于仁,德行厚重,心境不会轻易起波澜,有似于山,故乐山。朱子继续注释道"动静以体言,乐寿以效言也。动而不括故乐,静而有常故寿。"动、静分别是智者与仁者的表象,也就是体,而快乐与长寿则分别是达到的效果。对于事理的贯通就像流水一样没有障碍,故而不会有什么想不通、不快乐的。内心的平静才是达到不以物喜、不以己悲的状态,故而才能够长寿。

这一则,将"仁""知"形象化地表达,很是生动。后面在《子罕篇》中还有一句很美的话,就是"子在川上曰:逝者如斯夫!不舍昼夜。"孔子在河边说道:"奔流而去的河水是这样匆忙啊!日夜不息。"时光如流水,在我们身边静静地淌过,我们一不留神便失去了最美好的时光。所谓青春易逝、韶华难在正是这样的道理。

我们常说,"仁者见仁,智者见智",上述两则对"仁""智"的论述,一则平实,一则优雅,其实,"仁"和"智"是一体的,所谓"仁者安仁,智者利仁",智者与仁者是合而为一的,只是在不同的时候,表现出来的是不同的状态。我们对于"仁"和"知"的理解,也常是"仁者见仁,智者见智"了。

第六十讲:中庸之为德

【原文】

6·29 子曰:"中庸之为德也,其至矣乎!民鲜久矣。"

【讲述】

孔子曰:"中庸之道作为道德标准,应该是最高的了。人们缺乏这种道德已经很久了。"

这一则提到的中庸,是传统文化中一个很重要的概念,也是很多人误解最深的一个概念。在这里,我想尽可能用通俗的语言把我的理解讲明白。中庸不是平庸,不是无可无不可、模棱两可;也不是这也好、那也不错,两边都不得罪,好好先生;更不是你说的有道理,他做的也没错,折中一下,和和稀泥。前面我们讲到,子曰:"攻乎异端,斯害也己。"就是说专向反对的一端用力,那就有害了。一个观点也好,一件事情的处置办法也好,孔子反对一个人太过执着;太过执着,非此即彼,孔子认为那样就有害了。不要异端,那就要两端,就是正反两

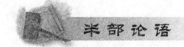

个方面,利害得失都要权衡,都要把握好这个"度",那就要行中庸之道。

首先,中庸就是要尊重自然规律、尊重生活常识。"中者,无过无不及之名也;庸,平常也。"(朱熹《论语集注》)所谓"中"就是不偏不倚,无过无不及,既不左倾也不右倾,做事刚刚好;"庸"就是不易,也就是不改变,恒常不变。"中庸"就是保持不偏不倚,不走极端的状态。不走极端才是处世治事的正道,道之恒常才是永恒不变的真理。

《中庸》里说:"天命之谓性;率性之谓道;修道之谓教。道也者,不可须臾离也;可离,非道也。""道"一刻也不能离开的,就像前面我们讲到的夫子的感慨一样,"谁能出不由户? 何莫由斯道也? "谁能不经过屋门而走出去呢? 这个中庸就是我们日用而不知的真理。比如说,用力不能过猛,享福不能太过,这就是中庸。我们做人做事,就要遵道而行,可是人人都在标新立异,都在求新求变,忽而高歌猛进,忽而狂飙突进,人就是样,因为不肯平凡,所以终究不能伟大。

其次,中庸就是要致中和,与己和、与人和、与万物和、与天地和。"喜怒哀乐之未发谓之中,发而皆中节,谓之和。中也者,天下之大本也,和也者,天下之达道也。"儒家以喜、怒、哀、惧、爱、恶、欲为"七情",佛家以喜、怒、忧、惧、爱、憎、欲为"七情",而中医以怒、忧、思、悲、恐、惊为"七情",并且指出:怒伤肝、喜伤心、忧伤肺、思伤脾、恐伤肾。所以,君子行修,就要致中和,内心的平和宁静才是幸福人生的根本,由内心的"中"到外在表现的"和",关键一环就是要做到"中节",言谈举止、情绪心志都要有所节制,既不要过分,也不要不到位。

再次,中庸就是用中,用中道去为人处事。孔子赞叹舜帝说:"舜其大知也与! 舜好问而好察迩言,隐恶而扬善,执其两端,用其中于民。其斯以为舜乎! "就是说大舜执政处事,喜欢向人请教,又善于分析别人浅近话语里的含义。隐藏人家的坏处,宣扬人家的好处。正反两个方面的意见他都掌握,采纳适中的用于治理百姓。

北京故宫中和殿中间的悬挂匾额上写着四个字:允执厥中,就是中庸的意思,就是时刻提醒为政者言行不偏不倚,符合中正之道。这是舜告诫禹的一句话——"人心惟危,道心惟微;惟精惟一,允执厥中",这十六个字便是儒学乃至中国文化传统中著名的"十六字心传"。就是说,人心变化莫测,道心中正入微,惟精惟一是道心的心法,我们要真诚的保持惟精惟一之道,不改变、不变换自己的理想和目标,最后使人心与道心和合,执中而行。而这十六个字再浓缩一下,就是中庸。

中庸是儒家的重要思想,尤其作为一种道德观念,这是孔子和儒家尤为提倡的。《论语》中提及"中庸"一词,仅此一则。中庸属于道德行为的评价问题,也是一种德行,而且是最高的德行。中庸又被理解为中道,中道就是不偏于对立双方的任何一方,使双方保持均衡状态。中庸又称为"中行",中行是说,人的气质、作风、德行都不偏于一个方面,对立的双方互相牵制,互相补充。中庸是一种折中调和的思想。调和与均衡是事物发展过程中的一种状态,这种状态是相对的、暂时的。孔子揭示了事物发展过程的这一状态,并概括为"中庸",这在古代认识史上是有贡献的。但在任何情况下都讲中庸,讲调和,就否定了对立面的斗争与转化,这是应当明确指出的。孔子将中庸视为最高层次的道德,是希望教导大家不论是处事还是待人,不偏不倚,即不过分也无不及,努力在实际生活和学习中去践行中庸之道,才是学以致用的正途。

述 而 篇

　　本篇共包括 38 则。集中阐述了孔子"教"与"学"的思想,教学的主要内容以及教学的主要方式,塑造出一个不断反省、自我砥砺、教学相长、循循善诱的夫子形象。其中著名的文句有:"学而不厌,诲人不倦""饭疏食饮水,曲肱而枕之,乐在其中""发愤忘食,乐以忘忧,不知老之将至""三人行必有我师""君子坦荡荡,小人长戚戚""温而厉,威而不猛,恭而安"等。

第六十一讲:埋头做学问

【原文】

7·1 子曰:"述而不作,信而好古,窃比于我老彭。"

【讲述】

　　从今天开始我们就要进入《论语》第七篇《述而篇》的学习了。朱熹在《论语集注》中对于本篇的注释是"此篇多记圣人谦己诲人之辞及其容貌行事之实",也就是说这一篇内容多是记录孔子自谦和教导别人的言语,及待人接物、为人处事的一些事例。

　　第一则开宗明义,孔子讲明自己做学问的原则,就是"述而不作",述就是传述的意思,作则是创作的意思,孔子认为自己是在阐述先王之道而非自己创造发明。"信而好古",就是表明孔子治学的态度,首先是"信",这里既有相信之意,更具信心之意,我们常讲一份恭敬一份利益,正是这个意思。对待传统文化,我们首先要做到一个"敬"字,然后就是这个"信"字。而我们现在人讲怀疑而非相信,讲创新创造而非因循守旧。于是,这一则就成为批判孔子的有力罪证,如此复古,岂不是阻碍了民族之进步?想来,孔子也真是冤枉。他老人家删《诗》《书》,定《礼》《乐》,赞《周易》,修《春秋》,可以说上古之文明一手在孔子手中发掘,又一手由他发扬光大。这里,夫子讲皆传先王之旧,而非自己所创,是自谦之辞,就是说不敢以圣贤自居,怎么会是因循守旧呢?

　　还有一种看法,认为之所以孔子说自己"述而不作",是由于"道"并不是由某个人创造出来的,而是始终存在于天地之间,不以人的意志为转移的,所以不仅孔子,所有圣贤都只是从不同的角度在对"道"进行解释或转述,都只能做到"述而不作"。《金刚经》中佛陀对弟子须菩提说:"须菩提! 汝勿谓如来作是念:我当有所说法,莫作是念! 何以故? 若人言如来有所说法,即为谤佛,不能解我所说故。须菩提! 说法者,无法可说,是名说法。"须菩提正在专心听佛陀说法的时候,佛陀却对他说:"须菩提啊,你不要以为如来会有'我当有所说法'这样的念头,你不可以这样观想! 为什么呢? 如果有人说如来有所说法,就是谤佛,根本就没有理解我所说的意思。须菩提啊,所谓说法,实际上根本无法可说,只是称名为说法而已。"我们大家都知道,释迦讲经说法四十九年,怎么会忽然间说"若人言如来有所说法,即为谤佛"呢? 又为什么说"无法可说"呢? 我想,这些地方都是大有深意的。《金刚经》还有一句话,"一切贤圣,皆以无为法而有差别",何为无为法? 就是孔子所"述"之道,何为有为法? 就是世人所"创"之法。我们大家看这个

"圣"字如何写,繁体字是这样的——聖,在甲骨文中的"圣"字则像人竖起耳朵倾听之状,旁边有口,表示说话,会听觉灵敏之意。这是说能够敏锐地觉察天地大道并为人演说者,即为圣。所以,孔子才会说自己"述而不作"。

接下来,"窃比于我老彭","老彭"是人名,但究竟指谁,众说纷纭。朱熹的注释是"老彭,商贤大夫,见大戴礼,盖信古而传述者也。"他认为老彭是殷商时代一位喜欢传述古事的"贤大夫"。也有的学者认为此处老彭是指彭祖,相传"长年八百,绵寿永世",后逐渐成为神话中的人物。也有人认为"老彭"指的是两个人,分别是老子和彭祖两个人。此处,我们不做深究,接下来,孔子讲道:

【原文】

7·2 子曰:"默而识之,学而不厌,诲人不倦,何有于我哉?"

【讲述】

孔子说:"(把所见所闻)默默地记在心里,努力学习永不满足,教导别人不知道疲倦,这些事情我做到了哪些呢?"

这一则承接上文,继续谈论治学的方法问题。前面说孔子本人"述而不作,信而好古",此则说他"学而不厌,诲人不倦",前文以"窃比于我老彭"作结,似有玩笑之意,此则以"何有于我哉"作结,更是夫子自谦之辞。

"默而识之,学而不厌,诲人不倦"正是夫子一生行教生动而真实的写照,作为一名老师,我也是常常以此句警省自己、鞭策自己。"默而识之",学问要入眼入耳,更要入脑入心,融于血脉,而不是夸夸其谈,若求学不治身,修身不治事,纵是读破诗书也枉然;"学而不厌",正如曾国藩所讲"古人书籍,近人著述,浩如烟海,人生目光之所能及者,不过九牛之一毛耳",正因为如此,我们就要"不敢以一得自喜,而当思择善而约守之",永不满足地去学习和实践;"诲人不倦",在教书育人的历程中,克服职业倦怠,永葆青春活力,就是要不忘初心,牢记使命,以生无所息的精神投入到每一堂课中,用满腔热忱去对待每一个孩子,在服务学生、成就学生的过程中去实现自己有意义的人生。

第六十二讲:孔子的忧乐

【原文】

7·3 子曰:"德之不修,学之不讲,闻义不能徙,不善不能改,是吾忧也。"

7·16 子曰:"饭疏食饮水,曲肱而枕之,乐亦在其中矣。不义而富且贵,于我如浮云。"

7·19 叶公问孔子于子路,子路不对。子曰:"女奚不曰,其为人也,发愤忘食,乐以忘忧,不知老之将至云尔。"

【讲述】

我们把这几则放在一起来讲,因为这几句话都是夫子直抒胸臆,表白忧乐。孔子是一个达观之人,即便生活困顿,际遇窘迫,也不会改变他对生活的信心,这源于他的品格修养,更是天性使然。我们一说安贫乐道,就会引孔子的"富贵于我如浮云",其实是曲解了夫子的意思,富贵怎么会是浮云呢? 大家往往断章取义,忽视了前面的定语"不义","不义而富且贵,于我如浮云。"通过不正当的手段取得的富贵,不是浮云是什么? 其实,这句的前半句才是关键,"饭疏食饮水,曲肱而枕之,乐亦在其中矣。"吃粗粮,喝冷水,弯着胳膊当枕头,乐趣也就在其中了。所谓是"忧道不忧贫",真正的君子是不会为自己的贫穷而

忧愁叹息的。

在孔子周游列国的十四年里，可谓说是风餐露宿，饱尝艰辛，有一次，孔子带领学生来到楚国叶邑，叶公接待了他，他对孔子不怎么了解，就悄悄地问子路，子路一时不知怎么回答。孔子事后得知此事，就对子路说："女奚不曰，其为人也，发愤忘食，乐以忘忧，不知老之将至云尔。"这是孔子自述其心态，"发愤忘食，乐以忘忧"，连自己老了都觉察不出来。孔子从十又五而志于学，致力于改造自我、改造社会的伟大实践中，表现出强烈的使命意识和责任担当，以其雄健的精神如奔腾之江河不断拓展人生之境界，可谓是"河出伏流，一泻汪洋"，让人叹为观止。可以说，孔子的一生是踏歌前行的一生，是乐观向上的一生。

可是孔子也有孔子的忧虑。他忧的是什么？"德之不修，学之不讲，闻义不能徙，不善不能改"。品德不培养，学问讲习，听到了应该做的事，却不能马上去做，有错误却不能及时改正，这些才是夫子所担忧的。

我们讲德，往往和道联在一起，所谓"志于道，据于德"，只有遵循道的德才是真德，才是真如本性，我们只有把道贯彻到自己心中而不失掉，才会有得。"德者，得也"。"德"不是凭空就能得来的，必须通过不断的学习、思考、践行，才能使道深植于心，融入血脉。"徙"，迁移的意思，这里指按照义的准则改变自己的行为。另外一种看法将其解释为跟从的意思，跟从义的准则去做事，也可以解释通。朱熹在《论语集注》中引用了尹焞的话，"德必修而后成，学必讲而后明，见善能徙，改过不吝，此四者日新之要也。苟未能之，圣人犹忧，况学者乎。"意思就是品德必须通过不断的修行才能提高，学问则必须通过刻苦的研讨才能明了，遇见善事能义不容辞，有错误能及时改正，这四项内容是人不断提高的要点。如果做不到,圣贤都会担忧,况且求学之人?

春秋末年,天下大乱。孔子慨叹世人不能自见其过而自责,对此,他万分忧虑。这里,孔子之所以将这四句话放在一些,就是因为这四者之间是相互联系、相辅相成、缺一不可的,比方说道德修养和研讨学问的过程,很关键的一点就是不断改正错误,也就是"不善"能改。所以孔子在感叹的同时也在教育自己的学生一定要从这四个方面加强自身修养的提高,才能确保自己不断提高。

"德之不修,学之不讲,闻义不能徒,不善不能改"这是孔子的忧虑,为什么? 这是人之所以为人的根基,所谓"君子务本,本立而道生"。相反呢? 不注重自我修养,就会自甘堕落;学问不探求究竟,就是浅尝辄止;听见道理不去施行,便是纸上谈兵:知错犯错,更是不可救药。几句话是递进关系,前者是后者的原因,后者又是再后者的原因。换句话说,一个人不注重修养,就不会探究学问的究竟,也不会见贤思齐,更不会改过自新,最终走向堕落一途。

第六十三讲:日思夜寐

【原文】

7·4 子之燕居,申申如也,夭夭如也。

【讲述】

上一则我们讲到了孔子的忧与乐,这一则是弟子们对孔子的客观描写。孔子闲居在家里的时候,悠闲自得而不失端庄,容色和愉而舒畅。

"燕居"是安居、闲居的意思,就是在家没事的时候。"申申",朱熹引用杨时的注释"申申，其容舒也"，可解为悠闲自得而不失端庄。"夭夭，其色愉也"，可解为容色愉悦，这让我想到了《诗经》中的两句诗"桃之夭夭，灼灼其华"，极言夫子容光焕发，光彩照人之貌。钱穆先生在《论语新解》中说，此是以树木作譬："大树干条直上，申申也；嫩枝轻盈妙婉，夭夭也。"一个"申申"，一个"夭夭"，写出夫子玉树临风的君子之态。

朱熹在其《论语集注》中引用了程颐的话，"此弟子善形容圣人处也，为申申字说不尽，故更着夭夭字。今人燕居之时，不怠惰放肆，必太严厉。严厉时着此四字不得，怠惰放肆时亦着此四字不得，惟圣人便自有中和之气。"弟子在形容孔子在家中闲居的状态时，用"申申"两字不足以形容，又加了"夭夭"两个字来形容。一般人在家没事时，所处状态一般是两个极端，一个是"怠惰放肆"，衣衫不整，邋邋遢遢，跟在外面完全是判若两人；另一个极端是"太严厉"，就是过于拘束，一个人要么愁眉紧锁，要么坐着发呆。而夫子却在伸展舒达中别有一番祥和气象。

这一则传神写照，寥寥数笔，夫子风采便跃然纸上。是对夫子"温而厉，威而不猛，恭而安"的形象描述。试想夫子平日里学而不厌，诲人不倦，忙；悯天怜人，叹礼崩乐坏，世风日下，忧；有志不能伸，四处碰壁，累累若丧家之犬，难。一般人若是如此，闲居在家，心头估计不会清净，或窝一股邪火，或罩一团怨气，焦躁不安，一颗跳动的心无处安放。但孔子完全相反，他闲居时，那一肩沉甸甸的责任与万古的忧愁，似乎突然消失得无影无踪，"申申如也"，"夭夭如也"，一副轻松愉悦的样子，似乎心头除了一个"和"字，全无他事。

上一则我们讲到夫子叹息"德之不修，学之不讲，闻义不能徙，不善不能改，是吾忧也"，这会儿为何又"申申如也""夭夭如也"呢？这正是此篇深意所在。只因为夫子闲居时,是个小我,小我知天达命,乐道安居,无私事可忧;而用事时,是个大我,大我与天下苍生同呼吸共命运,时事败乱,礼崩乐坏,自然不能无忧。故说:忧之夫子,为公也;乐之夫子,为私也。

【原文】

7·5 子曰:"甚矣吾衰也!久矣吾不复梦见周公!"

【讲述】

上一则描写了白天闲居时的孔子,这一则是夫子自言夜间所思之事。孔子说:"我衰老得很厉害啊!已经很长时间没有梦见周公了。"周公,姓姬,名旦,周文王的儿子,周武王的弟弟,周成王的叔父,鲁国的始祖。是孔子心目中最敬服的古代圣人之一。周公因其辅佐年幼的成王,成为历代文人敬仰的楷模,曹操曾有诗曰:"周公吐哺,天下归心"。

孔子一生以周公为精神偶像,致力于"克己复礼"的伟大实践,由于日里想得多了,故夜间梦寐之间,经常能梦见周公。我们常说,日有所思,夜有所梦,就是这个道理。管子曰:"思之思之,又重思之;思之不通,鬼神将告之。非鬼神之力也,精诚之极也。"并非有什么神秘力量,而是精诚所至,神感交应。就像前段时间,我每日里与学生讲读《论语》,夜里捧读《论语》,查阅资料,撰写心得。咏其文,思其义,想见孔子平生行谊,音容笑貌时常浮现梦中。

那孔子为什么说很久没有梦见周公了呢?我想,这是夫子的玩笑话,我们常讲,念念不忘,必有回响。可是,孔子付出百分的努力,万分的辛劳,仍无法改变江河日下的颓势,无法收拾礼崩乐坏的局面,眼看着自己年事已高,身体渐衰,年轻时的抱负依然没有实现,难免会伤感叹息。但是实际上孔子在自己的晚年回到鲁国,虽然逐渐淡出政

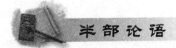

治圈，但是他自己不仅删《诗》《书》，定《礼》《乐》，赞《周易》，写《春秋》，完成了儒学的奠基，还致力于教导三千弟子，培养出了以七十二贤者为代表的大量传承者，最终也成就了自己至圣先师的万世美名。

孔子说自己很久没有梦见周公了，并不是说他失去了自己的梦想，只是生不逢时，时运有些不济罢了。蓦然回首，孔子发现自己已经步入迟暮之年，而梦想却依然渺茫，不自觉发出悲凉的感叹，但是，这并不能说明他放弃自己的梦想。事实上，他那复兴周公之道的梦依强烈，也正是怀着这样的梦想，他才会对生活、学习充满着诚挚的热爱，孜孜不倦地整理典籍，倾尽心力教导弟子。

从青年至壮年，从壮年至衰老，周游列国，颠沛流离，四处碰壁。虽道之不行，但夫子能随顺因缘，无怨无悔、无欲无求、无我无私。他的生命是全然伸展的，生命意义也自然发挥出来，利益天下苍生，精神与日月同辉，与天地同寿。

第六十四讲：孔门四科目

【原文】

7·6 子曰："志于道，据于德，依于仁，游于艺。"

【讲述】

孔子说："以道为志向，以德为根据，以仁为凭藉，而游憩于'六艺'之中。"这四句话，可以说是后世儒学的纲目，今天我们走进孔子研究院，东西两坊东坊题"志道据德"，西坊题"依仁游艺"，就是出自这里。

首先是"志于道"。前面我们讲到"朝闻道，夕死可矣"，可见在孔子的价值观中，道具有至高无上的意义，是倾其一生追求的对象。什么是道？我个人的理解就是人生所要走上的那个正路，没有人生下来就是完美的，但没有人能阻止你走向完美，这也就是人生所要追求的道。所以夫子感喟"谁能出不由户？何莫由斯道也？"其中既用了道的本义，也使用了道的引申义。就是说有哪一个人出门的时候不从门户里面出去呢？走出门外以后，有谁能够不遵循某一条道路呢？夫子还说"士志于道，而耻恶衣恶食者，未足与议也。"对于士人而言，心无旁骛地立志求道、行道是理所当然的事情，如果宣称以求道为志向，而又以粗陋的衣服和饮食为耻的人，就没有和他探讨的必要了。

夫子穷其一生"下学而上达"，诸弟子"仰之弥高，钻之弥坚"，孔子教育自己的弟子们要志于道，要志存高远，不管是恢复周礼，还是推行仁治，最终都是希望实现世界大同。任何一个人都应该有自己的志向，也许是高尚远大的，也许是平凡浅近的，关键在于一个人要清楚知道自己到底追求的是什么？这并不是恒定不变的，通过不断地学习，修养在不断地提高，追求的道也许在不经意间也就渐渐接近大道了。

其次是"据于德"。何谓德？顺应道的体现就是德。这一篇中我们还要讲到"天生德于予，桓魋其如予何"，为什么德行可以作为行动的依据？从更深层次的理解，它是上天给予的，是别人无可奈何的。"桓魋其如予何？"首先是指因为孔子在德行上体现了天道，桓魋想威胁到孔子的人身安全，而孔子本人并不惧怕；其次从引申意义上说，即使桓魋加害于孔子，但是也扼杀不了孔子的德行。之所以讲"据于德"，就在于任何条件下，德行都是可以和别人分享而不会减少的，同时又不能被外界所任意剥夺的，而其他的一切，包括功名利禄的东西都可能被侵占，甚至生命本身都面临失去的可能。所以，我们要据于德，就是把德牢牢地抓住，而不失德，这是人生全部的意义之所在。

"德者,得也",有了"德",在这尘世中,我们就不会孤立无助,所谓"德不孤,必有邻",就是这意思。在《周易·文言传》中也有申论:"君子敬以直内,义以方外,敬义立而德不孤。"在孔子看来,假如一个人所追求的德本身不是孤立和封闭的话,那就一定会有人依你而居,成为你的伙伴,正所谓"近者悦,远者来",而这种聚天下英才的能力正是一切有德者的创业之基。

再次是"依于仁"。仁者爱人,儒家的仁爱与基督教的博爱是不一样的,并不是对于所有人都付出同样的爱,而是基于礼"定亲疏,决嫌疑,别同异,明是非"的爱。每个人都以此标准工作生活,亲其亲,长其长,国泰民安、社会稳定、人民团结的局面也就如孔子希望的一样会得以实现。这才是仁最根本的意义。

后面我们还要讲到曾子的名言"士不可以不弘毅,任重而道远",为什么我们要有恢宏的气度和刚毅的品格,就是因为我们任重道远,"仁以为己任,不亦重乎?死而后已,不亦远乎?"这里,孔子和曾子的说法是相互补充的,以弘扬大道,践行仁德为己任,生命不息,奋斗不止。

最后是"游于艺"。"艺",一般是指孔子教授学生的"六艺",分别是礼、乐、射、御、书、数,出自《周礼·保氏》:"养国子以道,乃教之六艺:一曰五礼,二曰六乐,三曰五射,四曰五御,五曰六书,六曰九数。"这就是所说的"通五经贯六艺"的"六艺"。南怀瑾在《论语别裁》中专门提醒读者注意此处的游是游泳的游,不是游戏的游,游戏的游是"辵"旁,这里是水旁的游泳的游。所以我们理解为徜徉于"六艺"中,体悟、践行仁、德,感悟道之所在。

孔子培养学生,以仁、德为纲领,以"六艺"为课程,使学生能够得到全面均衡的发展。这一则,应当是我们求学进德修业的总纲目,所谓纲举而目张。我们求学首先要以道为志向,这样在学习生活的过程中就不容易偏离正途。以德为治学过程中的为人根据,则感悟到的大道之理就不会丢失。以仁为做事的凭藉,则德性能不断地得到滋养,徜徉于"六艺"之中,就能确保身心在任何时候都能得到涵养。为学之人如果能做到这些,就能通过日常不断地修养,渐入佳境,最终达到圣贤的境界而不自知。

第六十五讲:孔子收不收学费

【原文】

7·7 子曰:"自行束脩以上,吾未尝无诲焉。"

【讲述】

束脩,朱熹注释为"脩,脯也,十脡为束"。脩,干肉,又叫脯,束脩就是十条干肉。如果按干肉理解束脩,这一则的意思就是孔子说:"对于奉上如十条干肉的拜师礼物(以示尊敬)的学生,我无不悉心进行教诲。"

在朱熹之前,汉代大儒对束脩的解释并不相同。西汉孔安国《论语注》是这样注解的:"束脩,束带脩节。"其中包含了束带修饰和拜师礼物两层意思。东汉郑玄《论语注》:"束脩,谓年十五以上也。"郑玄又给其增加了年十五的含义。综合上述,我认为"束脩"至少包含了束带修饰、年十五和拜师礼物三层意思。如果按汉儒的注解,这一则的译文就是,孔子说:"对于年满十五岁束带修饰行了拜师礼之后的学生,我无不悉心进行教诲。"

我个人比较认同汉儒的注解。孔子之所以为"万世师表",就是在于他打破了学在官府的垄断,他提倡有教无类,让处于社会最底层的孩子也能看到人生的希望,通过"十又五而志于学"走向人生的正途,从而改变自己的命运。我们前面讲到颜回"一箪食,一瓢饮,在陋巷",可能还真拿不出十条干肉的学费来,如果我们的夫子把眼睛盯在这十条干肉上,那么境界就没有那么崇高了。

当然,也有人讲,我们也不能够无限拔高啊,圣人也要吃饭啊。虽然夫子自己说"饭疏食,饮水,曲肱而枕之,乐亦在其中矣",但"疏食"也是食啊。我们知道夫子办的是私学,他是编外人员,没有工资,所以一定会收学费。当然,学生拿干肉作为执敬,所谓"一份贡献一份利益",也无可厚非,这应当看作立场求学的仪式感。但夫子绝不是因这十条干肉而"未尝无诲",而是因为这孩子"束脩"了,年满十五了,可以跟他谈立志、道德、文章了,没有夫子说自己没有不尽心教诲的。

至于大家关注夫子如何养家的问题,根据孟子的说法,孔子曾经当过仓库保管,干过会计,做过牧场主管,他都表现出出色的管理经营才干,所以弟子们特崇拜老师无所不知、无所不能。夫子说了句真心话"吾少也贱,故多能鄙事",就是说我小时候生活艰难,所以会干一些粗活。因为上了社会这所大学,读了生活这本教科书,所以知道的也就多一些了。此外,后面我们还要讲到"子食于有丧者之侧,未尝饱也","子于是哭,则不歌"等,都可以证明孔子在很长一段时间是靠做司仪,给人家办丧事作为主要的经济来源的。这里说了这么多,就是想让大家别去误会夫子了,他办学心里想的社稷黎民,担的是春秋道义,而非"束脩"。

【原文】

7·8 子曰:"不愤不启,不悱不发。举一隅不以三隅反,则不复也。"

【讲述】

"愤"，朱熹注释为"愤者,心求通而未得之状也",就是心里想求通而又未通的状态。"悱",朱熹注释为"悱者,口欲言而未能之貌也",就是想说又不知道怎么说。对于"启"和"发"两个字,朱老夫子的注释是"启,谓开其意;发,谓达其辞。"分别是开导和启发的意思。这一则的意思是,孔子说:"教导学生,不到他努力想弄明白,但仍然想不透的程度时,先不要去开导他;不到他心里明白,却又不能完善表达出来的程度时,也不要去启发他。开导或启发他时先提示一个方面或一部分,如果他不能举一反三,就先不要往下继续提示了。"

这一则,讲的是教育原则。孔子的"启发式"教学颇似苏格拉底的"精神助产术",老师的角色类似"接生婆",所以说一定要等到瓜熟蒂落、水到渠成之时再出手。可惜的是,我们现在更多的习惯于剖宫产了,以为这样更便捷。其实,做任何事情都要遵循"道",我们前文讲到孔门四科目,"志于道"是第一位的。教育更是如此,孔子作为一个伟大的教育家,他明白很多事情是不可能越俎代庖,更不可以拔苗助长的。我们现在教育的悲哀就是静不下来、慢不下来、沉不下来,就像"十月怀胎,一朝分娩"的道理是一样,可我们现在浮躁的心态、功利的思想,使得我们恨不得早上怀胎、晚上分娩,我们把学生引入文山题海,让他们披星戴月,分秒必争,分分必争。很多的孩子在这种"填鸭式"的教学中渐渐丧失了学生的热情,开始变得麻木、冷漠。

当前教育的改革不是创造而是回归,回归到"道"上来,要遵循孩子的认知规律和成长规律。把学习的时间和空间还给孩子,把探究未知的过程还给孩子,而老师呢,则要关注孩子的学习状态,就像这则提到的"愤"和"悱",这两种情绪反映了学生诚心求学的态度,当学习主动性和积极性火候都到位了,这个时候的启发能起到事半功倍的

作用。

　　"不愤不启,不悱不发"与"举一反三"是有一定的连贯性的,把这两句单独来理解也有道理,但是对于孔子意思的表达不完整。"举一反三"的前提是"愤悱"的情绪已产生,已到了需要"启发"的时候了,但是启发也要掌握方法,并不是一下子全部告诉对方,而是"物方者四隅,举一隅示之",让学生自己去举一反三,融会贯通。如果学生还不能理解,先不要再继续启发他了,说明火候还不到,应该让他自己再去体悟一下。

　　前一则"吾未尝无诲"也讲的是为师的情怀,就是有教无类、兼善天下,这一则"则不复也"与之相呼应,诲人不倦是必须的,但也要看时机、看火候,当时机不成熟时,就要再等等,再等等,这是教育的智慧。

第六十六讲:孔子的真性情

【原文】

7·9 子食于有丧者之侧,未尝饱也。

【讲述】

　　上一则我们讨论到孔子的经济来源,并不是靠什么"束脩",这两则没有直接说明,但是我们可以从侧面了解到,孔子在很长一段时间是以替别人办丧事为主要职业的。这则是从孔子弟子的视角观察夫子,说他在有丧事的人旁边吃饭,不曾吃饱过。

　　钱穆先生在其《论语新解》对于本章是这样注释的,"丧者哀戚,于其旁不能饱食,此所谓恻隐之心。曰未尝,则非偶然。"所谓丧就是一个家庭里有人过世了,举家哀戚,人人忧伤。在有丧事者身边从来都吃不饱饭,是因为恻隐之心。真心悲痛的人所感受到的痛苦是会直接影响食欲的,故此也反映出孔子待人之真诚。另一方面,之所以说未尝,意思就是对于每一个自己遇到丧事的人或家庭,孔子所付出的情感都是一样的真诚,而且始终如此,并非个例。

我们知道孔子在当时是礼仪方面的专家,很多人家的丧事都请他主持。这是他的职业,也是工作。我们今天讲职业倦怠,就是说干一件事时间长了,就会放松懈怠。你出你的殡,我主我的祭,你哭你的丧,我吃我的饭。可孔子不是,他对别人的悲痛感同身受,他对待工作付出百分百的真情,全心全意地投入其中。所以,当他看到别人哭泣的时候,他就难过得吃不下饭。

从这一则中我们可以看到孔子待人处事过程中的真性情。如果有人在办理丧事,孔子在旁边吃饭,都是寥寥草草吃一顿,不会吃饱。为什么呢？别人办丧事,您还大吃大喝,吃饱喝足,这合适吗？做人不能没有同情心。同情心,是一个人起码的素质,别人痛苦了,您毫无感觉,这样的人,也没有谁想接触。其实,做人就要有"人饥己饥,人溺己溺"的情怀,特别是做老师的人,更应当具有仁爱之心。爱自己的孩子是天性,爱别人的孩子是人性,而教师职业的特殊性则要求我们不仅仅是把它当作一份职业,而是需要我们投入全部的爱心,真诚地去爱每一个孩子,这才是教师职业的崇高之所在。

【原文】

7·10 子于是日哭,则不歌。

【讲述】

承接上文,还是说孔子在主祭时的事。意思是,孔子在这一天哭泣过,就不会再唱歌了。"哭",朱熹在《论语集注》中的注解是"哭,谓吊哭",这里所说的哭是吊丧过程中的痛哭。就是说孔子在主持丧事时,是发自内心的,这种悲伤的感觉不是很快就能忘怀的,所以对于表达快乐的歌唱就无法在这一天之内再进行了。试想,如果您去别人家吊丧,哭过,一会儿回家,在路上又开开心心地哼着歌儿,这是什么人呢?孟子讲,恻隐之心,人皆有之。把这个恻隐之心培养起来,就是仁爱,用这个仁爱之心去为人处事,就会走向人生的光明大道。

儒家讲"己所不欲,勿施于人",很多时候,我们都要学会换位思考,学会站在别人的角度看问题。因为人活着,不是完全独立的,人是社会的人,您的一举一动,都影响着周围的人的心情,都影响着周围的人对您的看法。同情心,同理心,是必须要有的,而且您的言行还必须要体现出来,给人看到。不能说,您知道自己有同情心就行了。还要"征于色,发于声",然后人们才能了解你、认同你。

当然,这一则反过来看,我们也可以猜想,孔子平日没有为别人主持丧事的时候,是挺快乐的一个人,他有很高的艺术修养。这一章我们后面还要讲到"子与人歌而善,必使反之,而后和之",就是说孔子与别人一起唱歌,如果唱得好,一定请他再唱一遍,然后自己又和他一起唱。这说明孔子的生活是充满音乐的,是自得其乐的。人活在这个世界上,有责任让自己过得快乐。可是,在他为别人主持丧事时,可能是受到周围人的影响,孔子就会哭,不是虚情假意地哭,而是投入真感情地哭泣流泪,所以在这种情绪之下,孔子在当日就不会再歌唱了。

一哭一歌,折射出一个真性情的孔子。同时,也提醒我们,做人就要真诚,真诚地面对自己,真诚地对待他人,真诚地投入工作。此外,还要有稳定的情绪,不要一会儿哭,一会儿笑,让人不知所从。所以,管理自己最重要的是对情绪的管理,要把自己的心境变成一条大河,既要有奔涌向前、一泻千里的磅礴力量,更要有上下天光、一碧万顷的敞亮境界。

第六十七讲:行止取舍任我行

【原文】

7·11 子谓颜渊曰:"用之则行,舍之则藏,惟我与尔有是夫!"子路曰:"子行三军,则谁与?"子曰:"暴虎冯河,死而无悔者,吾不与也。必也临事而惧,好谋而成者也。"

【讲述】

这则对话有三个人,孔子和他的两位高徒。孔子对颜渊说:"用我呢,我就去干;不用我,我就隐藏起来,只有我和你能做到吧!"话说得这里,子路同学可能想到先前夫子也和他说过同样的话,那次夫子说:"道不行,乘桴浮于海。从我者,其由与?"可这回不知怎的,夫子却只认同颜渊,没有提到他。于是子路问孔子说:"老师您如果统帅三军,那么您愿意和谁在一起共事呢?"孔子说:"赤手空拳和老虎搏斗,徒步涉水过河,死了都不会后悔的人,我是不会和他在一起共事的。我要找的,一定要是遇事戒慎恐惧,善于谋划而力求成功的人。"

成语"暴虎冯河"就是出自这里。因为在孔子看来,这种人虽然视死如归,但有勇无谋,是不能成就大事的。"勇"是孔子道德范畴中的一个德目,但勇不是指蛮干的人,而是"临事而惧,好谋而成"的人。《留侯论》中讲:"古之所谓豪杰之士者,必有过人之节。人情有所不能忍者,匹夫见辱,拔剑而起,挺身而斗,此不足为勇也。天下有大勇者,卒然临之而不惊,无故加之而不怒。此其所挟持者甚大,而其志甚远

也。"古时候那些豪杰之士,为什么会有过人之节? 就在于他能忍常人所不能忍。为什么能忍常人所不能忍? 就在于他胸怀极大的抱负,志向非常高远,所以才不会和匹夫争一事之长短、一时之高下。

"暴虎冯河,死而无悔者,吾不与也"一句是夫子对子路的批评,夫子爱之深则责之切,因为子路同学虽然英勇果断,有大将之风,但有时过于急躁、过于冒险,所以夫子告诉他要"临事而惧,好谋而成",就是说遇到事情要谨慎对待,做事要综合考量、充分谋划而后周密实施。很长一段时间,我都把"戒急用忍"这四个字写在日历扉页上,将"临事而惧,好谋而成"当作自己的座右铭。

【原文】

7·12 子曰:"富而可求也,虽执鞭之士,吾亦为之。如不可求,从吾所好。"

【讲述】

承接上文,"用之则行,舍之则藏"的处世原则,孔子接着说:"财富如果可能求得的话,虽然是给人执鞭的下等差事,我也愿意去做。如果求它不到,那还是干我自己喜欢干的事吧。"

后一则我们还要讲到"不义而富且贵,于我如浮云",这里的"富而可求",一定是指合于"道"的富,就可以去求取。"执鞭之士",按古注有两种解释,第一种是指给大户人家守门的,手里拿着鞭子看守门户之人。第二种是指给身份高贵之人出行开路护驾的,王侯将相出门,前面及两旁有人手持鞭子随行,是一种威慑。总之,不管是看门的还是随行护驾的,都是地位低贱的工作。

这也是夫子表明心志的一段话,孔子说如果富贵是可以求取的,即使去做地位低下的工作去求取,也在所不辞,如果求不到呢,那就退而求其次,做点自己喜欢的事情吧。夫子并不排斥富贵,相反他积极肯定通过个人的努力去改变自己地位的行为。讲到"从吾所好"我们可能会想到陶渊明"不为五斗米折腰"的故事,其实,陶渊明出身豪门世家,并非穷得当裤子的那种,我们年轻人读书往往只看表面,要知道"从吾所好",其实这是退而求其次的事情,前文才是重点,就是通过正当的渠道和自己的劳动来求取富贵,不要大事做不来,小事不想做,就是做"执鞭之士",孔子也是乐意的,只要是正当的,劳动就没有高低贵贱之分。

钱穆先生对于本章有这样的注释:"若属可求,斯即是道,故虽贱职,亦不辞。若不可求,此则非道,故还从吾好"。指出了本章的关键在于求取富贵的方法或路径是否合于道,如果合于道则可为,否则则不可为。为什么在如不可求的情况下才说"从吾所好"呢?孔子之所好又是什么呢?从孔子一生的经历可以看出并没有求取到富贵,那他所做的事就应该是他的爱好了,传道授业解惑,立德立言立人。如果孔子能求取富贵,他应该要做的大概就是帮助贤君推行仁政,复周礼,安社稷,这也正是孔子认为合于道的求取富贵之法。

综上两则,我们可以看出,夫子的确是时之圣者也,我们无法选择自己出生的时间和环境,所谓"富贵在天"者有之,但是行止取舍却由己不由人,人生的意义就在于无论你身处何种境地,只有"志于道,据于德",就能进退有度、舒卷自在,视富贵若浮云。

第六十八讲：富贵浮云

【原文】

7·15 冉有曰："夫子为卫君乎？"子贡曰："诺；吾将问之。"入，曰："伯夷、叔齐何人也？"曰："古之贤人也。"曰："怨乎？"曰："求仁而得仁，又何怨？"出，曰："夫子不为也。"

【讲述】

冉有(问子贡)说："老师会帮助卫国的国君吗？"子贡说："嗯，我去问问他。"于是就进去问孔子："伯夷、叔齐是什么样的人呢？"(孔子)说："古代的贤人。"(子贡又)问："他们有怨恨吗？"(孔子)说："他们求仁而得到了仁，又怨恨什么呢？"(子贡)出来(对冉有)说："老师不会帮助卫君。"

"为"，在这里是帮助的意思。朱熹的注释是"为，犹助也。"郑玄的批注也是当"帮助"的"助"字解。也有人解释为赞同的意思。也有的解释为当，也就是问孔子是不是想当卫国的国君，这有点太离谱。

冉有之所以会有此一问与当时卫国的历史背景有关。卫灵公的太子蒯聩与南子有怨，涉嫌谋杀南子未遂，逃离卫国。卫灵公去世后，他的小儿子公子郢不愿做国君。卫国人就立了蒯聩的儿子公子辄为国君，就是卫出公。晋国赵鞅领兵帮助蒯聩回卫国，要夺取国君的位置，齐国则帮助卫国抵抗。冉有在这种局面下提出了孔子会不会帮助卫出公的问题。

冉有把这个问题抛给了子贡，谁让子贡口才好呢？子贡也当仁不让。子贡同学问得很巧妙，他没有把问题直接提出来，而是问夫子："伯夷、叔齐是什么人？"在这里，我们先说说这两个人。伯夷、叔齐是商末孤竹君的两位王子。相传孤竹君遗命立三子叔齐为君。孤竹君死后,叔齐让位给伯夷,伯夷不受;叔齐尊天伦,不愿打乱社会规则,也未继位,哥俩先后周游列国。正巧遇到武王伐纣,二人扣马谏阻。武王灭商后,他们耻食周粟,采薇而食,饿死于首阳山,这是故事的结局。子贡再问:"他们有怨恨吗?"(孔子)说:"他们求仁而得到了仁,又怨恨什么呢?"在这里孔子赞叹伯夷、叔齐谨守孝悌之道,以国相让,以死表忠,求仁得仁,无怨无悔。这和卫国国君辄即位后,其父与其争夺王位,恰恰形成了鲜明的对照。孔子赞扬伯夷、叔齐,就是表明了对卫出公父子违反等级名分极为不满的态度。从这段对话中,子贡就可以推断夫子是不可能帮助任何一方的。这就高手之间的谈话,有些话不必明说,点到即止,所以夫子说"不学诗,无以言",确是高论。

【原文】

7·16 子曰:"饭疏食饮水,曲肱而枕之,乐亦在其中矣。不义而富且贵,于我如浮云。"

【讲述】

承接上文,夫子当年在卫国,断然拒绝卫灵公的高薪,就在于夫子取富贵的原则是合乎道义,前文讲"富而可求也,虽执鞭之士,吾亦为之"可与这一则相呼应。这一则夫子说:"吃粗粮,喝冷水,弯起胳膊当枕头,乐趣就在其中了。用不正当的手段得来的富贵,对我来说,就好像浮云一样。"

朱熹在《论语集注》中引用了程颐的话,"非乐疏食饮水也,虽疏食饮水,不能改其乐也",提出了"须知所乐者何事"的问题,我想,孔子所乐的是对于道的追求,"用之则行,舍之则藏",虽没能南面理政,但夫子学而不厌,诲人不倦,承礼启仁,对人生理想不懈追求,沉浸其间,乐在其中,不以吃的穿的不如别人为意,这也正是夫子之乐在其

中的原因。

孔子极力提倡"安贫乐道"，认为有理想、有志向的君子，不会总是为自己的衣食住行而奔波的，"饭疏食饮水，曲肱而枕之"，对于有理想的人来讲，可以说是乐在其中。这种思想深深影响了古代的知识分子，也为一般老百姓所接受。

"对于不义而富且贵，于我如浮云"一句我觉得应有两层含义，首先"浮云自在天，不行不义，则不义之富贵，无缘来相扰"，也就是说浮云在天，本就不是自己的，追求不是自己的东西只会徒增烦恼；另一层意思是浮云聚散无常，不义之富贵也像浮云一样，即使用不正当的手段得到了，也难以保留，所谓"富贵宛若秋云飘"，追来追去追不到。

我们大家都熟知的对联"宠辱不惊，看庭前花开花落；去留无意，望天上云卷云舒"，就很有"富贵浮云"的意境：素富贵行乎富贵，素贫贱行乎贫贱，素夷狄行乎夷狄，素患难行乎患难。君子只求就现在所处的地位，来做他应该做的事，不希望去做本分以外的事，对于功名利禄身外之物则得之不喜、失之不忧，宠辱不惊、去留无意。上联"看庭前"，大有"躲进小楼成一统，管他春夏秋冬"之意，而"望天上"三字则又显示了放大眼光，不与他人一般见识的博大情怀；下联"云卷云舒"更有大丈夫能屈能伸之大境界，与范仲淹的不以物喜、不以己悲实在是异曲同工，更颇有魏晋人物的豁达风流。而这副佳联所体现的正是自孔子而下数千年来一以贯之的文人士大夫的风骨与气度。

第六十九讲:沉浸在学习的海洋里

【原文】

7·14 子在齐闻《韶》,三月不知肉味,曰:"不图为乐之至于斯也。"

【讲述】

孔子在齐国听到了《韶》乐,有很长时间尝不出肉的滋味,他说:"没想到《韶》乐的美达到了这样的境界。"

《韶》乐是当时流行于贵族当中的古乐,孔子对于《韶》很是看重,他认为《韶》无论是内容还是形式,都达到了尽善尽美的境地。孔子对音乐很有研究,有很好的音乐素养,既能演奏,如鼓琴、击磬、鼓瑟,又能歌咏,"三百五篇孔子皆弦歌之"。更为重要的是,孔子的正乐、乐教还体现着他自己独特的乐感、乐论。

前面我们讲过"子于是日哭,则不歌",我们可以看出孔子是经常唱歌的,他的生活是活活泼泼,如鱼在渊,这是长久的艺术熏陶所达到的境界。无论是"志于道,据于德,依于仁,游于艺",还是"兴于诗,立于礼,成于乐",都是以"艺"和"乐"作为最终之完成的,这也体现了孔子独特的教育思想,"乐者,通伦理者也。……是故先王之制礼乐也,非以极口腹耳目之欲也,将以教民平好恶,而反人道之正也",就是通过乐的熏陶习染,淡化人的口腹耳目之欲,引导人不要做欲望的奴隶,不断升华人性中美好的道德,从而走上向善向美的人生正途。

【原文】

7·17 子曰:"加我数年,五十以学《易》,可以无大过矣。"

【讲述】

孔子说:"再给我几年时间,到五十岁时去学习《易》,便可以没有

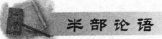

大的过错了。"加",这里通"假"字,给予的意思。《易》,指《周易》,古代一部用以占筮的书,是传统经典之一。这里把《易》和"知天命"联系在一起,主张深入研读《易》,是为了使自己的言行符合于"天命"。

朱熹认为"学易,则明乎吉凶消长之理,进退存亡之道,故可以无大过"。孔子讲"五十而知天命",我以为,人生以五十岁为分界线,就像卦有六爻,下三爻为下卦,上三爻为上卦,五十岁之前走的是下卦,就要下学,就要尽人事,而五十岁之后走的是上卦,就要上达,就要知天命,而《易》就是"明乎吉凶消长之理,进退存亡之道"的,所以孔子讲"五十以学《易》,可以无大过矣"。我们大家所熟知的成语"韦编三绝",就是出自孔子读《易》的故事,晚年的孔子特别喜欢读《易》,把穿竹简的牛皮绳弄断了多次,可见孔子用功之专、用力之深。

【原文】

7·18 子所雅言,诗、书、执礼,皆雅言也。

【讲述】

孔子有时讲雅言,读《诗》,念《书》,行礼时,用的都是雅言。"雅言"是指周王朝以陕西语音为标准音的官话,这是因为周王朝的京畿之地在今陕西地区,就和现在的普通话性质一样。孔子平时谈话时用鲁国的方言,但在诵读《诗》《书》和执行礼的仪式时,都说当时的官方语言。

对于孔子为什么如此重视雅言,钱穆先生是这样批注的:孔子之重雅言,一则重视古代之文化传统,一则抱天下一家之理想。规范的官方语言其实就是统一标准的书面语言,与口头语最大的差别就在于,能准确地传达语义,不易产生歧义,有效地确保了文化传承的准确性。中国自古地域广袤,民族繁多,各种地方方言、民族语言千差万别,推广统一规范的官方语言对于各民族、各地区构建共同的价值观、认同感是必不可少的。

今天我们大力推广普通话，其实是有历史渊源的，秦始皇统一六国后为什么首先要统一文字？就是因为语言文字承载的是文化，而文化认同是一个国家的向心力所在。所以，在今天这样一个多元文化碰撞交融的时代，我们尤其要坚定我们民族的文化自信，我想，我们的传统文化教育要肩负起这样的责任，就是要为民族未来培基铸魂，让我们的优秀中华文化成为孩子永远的精神烙印。

【原文】

7·19 叶公问孔子于子路，子路不对。子曰："女奚不曰，其为人也，发愤忘食，乐以忘忧，不知老之将至云尔。"

【讲述】

叶公，叶，读音应该为 shè 。叶公姓沈名诸梁，字子高，楚国的大夫，是春秋时期著名的政治家、军事家、思想家。封地在叶城（今河南叶县南），所以叫叶公。孔子率众弟子周游列国时，专程到叶地拜访叶公，因二人观点不一致，孔子的叶邑之行并未得到所期望的结果，于是他很快离叶北返。孔子的门人大为不满。后来，一些儒士借用叶公喜欢画龙的故事杜撰了《叶公好龙》的寓言，把叶公喻作伪君子。

叶公向子路问孔子是个怎样的人，子路没有回答。孔子知道后对子路说："你为什么不这样说，他这个人，发愤读书时就忘了吃饭，高兴起来就把一切忧虑都忘了，连自己快要老了都不知道，如此而已。"这一则是孔子自述其心态，"发愤忘食，乐以忘忧"，连自己老了都觉察不出来。孔子从读书学习和各种活动中体味到无穷乐趣，是典型的现实主义和乐观主义者，他不为有志难伸而郁郁寡欢，也不为穷困潦倒而愁眉不展，而是心怀天下苍生，命系中华文脉，知其不可为而为之，表现出积极向上、乐观豁达的精神面貌。

【原文】

7·20 子曰:"我非生而知之者,好古,敏以求之者也。"

【讲述】

孔子说:"我不是生来就有知识的人,而是爱好、仰慕古圣先贤之道,并且勤奋敏捷地去学习知识的人。""好古",在这里是爱好、仰慕古圣先贤之道的意思,与前文的"信而好古"是一以贯之的。

在《季氏篇》中孔子将人的天赋进行了这样的分类,"生而知之者,上也。学而知之者,次也。困而学之,又其次也。困而不学,民斯为下矣"。孔子把人分为三等,第一等是上智之人,即所谓的"生而知之者";第二等是"中人",包括"学而知之者"和"困而学之"的人,孔子自认为自己属于学而知之者;第三等下愚之人,即中人以下。

在孔子的观念当中,"上智"就是"生而知之者",但他却否认自己是生而知之者。他之所以成为学识渊博的人,在于他爱好古代的典章制度和文献图书,而且勤奋敏捷地去学习。夫子之所以这样讲,就是为了鼓励同学们发愤努力,沉浸在学习的海洋中,以学养德,以德润身,在学习中不断拓展出更加光明灿烂的人生境界。

第七十讲:子不语

【原文】

7·21 子不语怪,力,乱,神。

【讲述】

上一则我们讲到孔子"十又五而志于学",下学而上达,尽人事而听天命。终其一生,夫子都是极平易很努力的一个人,正所谓"极高明而道中庸"，所以平日里孔子不谈论怪异、暴力、叛乱及鬼神之事。

这一则朱熹在《论语集注》中的注释是：怪异、勇力、悖乱之事，非理之正，固圣人所不语。鬼神，造化之迹，虽非不正，然非穷理之至，有未易明者，故亦不轻以语人也。意思就是说所谓怪异、勇力及悖乱之事，都不是事理端正之事，都不能引领人从正确的途径或角度学习事理，所以孔子一般情况下讲课时不会涉及这方面的内容。

这里讲到"鬼神"的问题，在孔子时代是很盛行的，所谓"殷人尚鬼"。孔子的伟大之处，就在于把人类从懵懂地迷信神秘力量拉回到关注自身修为、积极投入改造现实人生的康庄大路上来。他提出了"敬鬼神而远之"的观点，将为人处事的重点放在"务民之义"上，就是要做好自己分内的事，对那些玄之又玄的形而上的问题，就不要太过关心了。可是人性的弱点决定了人总是对未知的领域充满了好奇。"子不语"，孔子不讲，不一定别人不讲，后来清代才子袁枚就编纂集子《子不语》，专讲怪力乱神之事，我们大家所熟知的纪晓岚的《阅微草堂笔记》和蒲松龄的《聊斋志异》也是志怪小说的代表，很受人们追捧。

后面，我们还要讲到季路问"事鬼神"的事，孔子的回答是"未能事人，焉能事鬼？"又问到"死"的问题，孔子答得很妙："未知生，焉知死？"这段对话体现了孔子和儒家学说的精华之一：反对盲目崇拜鬼神，更反对不把人世间的事情做好而把时间、精力和金钱都花费在敬奉鬼神上面。所以，我们的目光不应过多地投向浩瀚苍穹，而应投入到现实人事之中，且看下一则：

【原文】

7·22 子曰："三人行，必有我师焉：择其善者而从之，其不善者而改之。"

【讲述】

孔子说:"几个人一起走路,其中一定有可以为我所取法的人。我选择那些优点而学习,看出那些缺点而改正。"

这是人们所熟知的一句话,道理大家都明白,可真正能做到的却没有几个人。因为人的眼睛只能看到别人的缺点,却看不见自己的不足。人人都自以为很聪明,比别人高明,却很少看到别人的优点与长处。我们一路走来,常常有怀才不遇之感,常常有伯乐难觅之感。有时,我们真的应该静下心来,好好读读《论语》,因为它是对治我们心灵疾病的良药。这时,夫子会对我们说"不患人之不己知,患不知人也",不要害怕别人不了解自己,要多问问自己你了解别人吗?我们能够看到别人的优点与不足吗?更不要说取长补短,匡正自己了!一路走来,我们常常对别人评头论足,说长道短,可仔细想想,和自己又有什么关系呢?别人的长处我们学不来,别人的缺点我们也规避不了,日子一天一天过,昨天的自己和今天的自己没有任何的提高和改善,只能是虚度光阴罢了。所以,我们的眼睛不要老向外看,要向内求,把别人的长处拿过来修正自己,把别人的过失规避掉,这才是人生第一紧要事。

老子在《道德经》中讲到"故善人者,不善人之师;不善人者,善人之资。不贵其师,不爱其资,虽智大迷,是谓要妙。"就是说,善人可以作为恶人们的老师,不善人可以作为善人的借鉴。不尊重自己的老师,不爱惜他的借鉴作用,虽然自以为聪明,其实是大大的糊涂,这就是精深微妙的道理。我们要以宽广的胸怀,向一切人学习,不论是善还是恶对于我们来说都起到了师长的作用,对于指导我们处事待人、修身养性、增长知识都是有益的。

【原文】

7·23 子曰:"天生德于予,桓魋其如予何?"

【讲述】

孔子说:"天给予了我这样的品德,(宋国的)桓魋能把我怎么样?"

桓魋,魋,音 tuí,又称向魋,任宋国主管军事行政的官——司马,是宋桓公的后代。深受宋景公宠爱,他的弟弟司马牛是孔子的弟子。本章这句话的历史背景在《史记》中是这样记录的:孔子过宋,与弟子习礼大树下,桓魋伐其树,孔子去。弟子曰:"可以速矣。"子曰:"天生德于予,桓魋其如予何?"遂之郑。孔子周游列国的时候到了宋国,跟弟子们在一大树下习礼,演练礼仪。宋国的司马桓魋害怕孔子到了宋国会取代他的地位,就把那树给弄倒了,想要杀孔子。孔子不愿意弟子们与之发生冲突,故很快就离开去了郑国。在逃跑途中,他说了这句话。他认为,自己是有仁德的人,而且是上天把仁德赋予了他,所以桓魋对他是无可奈何的,故朱熹注释道"必不能违天害己"。

我们前面讲到"子不语",孔子很少讲鬼神,但他信"天",就是他所说的"五十而知天命",也就是上命赋予的使命,放在孔子身上就是肩负的文化使命,这是支撑他奋斗终生的力量之源。作为一个凡夫俗子,我们很难讲"天命",但是我们要讲责任,为这个家庭、为这份事业尽到自己的责任,做到仰不愧于天、俯不怍于人,最终成长为天地之间大写的人。

第七十一讲：子以四教

【原文】

7·24 子曰："二三子以我为隐乎？吾无隐乎尔。吾无行而不与二三子者，是丘也。"

【讲述】

前一则，我们讲到孔子不谈论怪异、暴力、叛乱及鬼神之事，可有些同学好奇啊，他们总觉得夫子是无所不知、无所不能的先知啊，夫子说过"中人以上，可以语上也；中人以下，不可以语上也"，同学们就纳闷了，心里想"是不是我的资质不行，为什么老师不给讲点'天道'什么的呢？"这时，夫子就说："你们这些学生认为我对你们有所隐瞒吗？我对你们是没有隐瞒的。我没有一点不向你们公开，这就是我孔丘的为人了。"

子贡同学就曾感慨："夫子之文章，可得而闻也，夫子之言性与天道，不可得而闻也。"从子贡的话中我们可以看到夫子平日里所教授的都是《诗》《书》《礼》《乐》一类的东西，而关于人性和天命夫子是很少言及的。夫子不会故弄玄虚，讲一些高深莫测的东西，而是很平实地把自己修养好，给学生做个好样子。我们常讲"学为人师，行为世范"，作为老师，就要做到言传身教，这一点我们要向孔子学。我们常说"行胜于言"，就是这个道理。而一些弟子却不了解这些，没有听到就认为老师没有教，其实很多学问要在日常待人接物的过程中去慢慢体会。于是就有了下一则：

【原文】

7·25 子以四教：文，行，忠，信。

【讲述】

前一则让夫子自叙心志"无隐乎尔",没有什么藏着掖着的,全都拿出来教给学生了,那夫子到底教些什么呢?四个字:文,行,忠,信。分别是典籍遗文、道德行事、忠诚和信誉。"文",这里指先代之遗文、古籍等,也有人认为就是指具体的《诗》《书》《礼》《乐》;"行",指德行,也指社会实践方面的内容;"忠",尽己之谓忠,对人尽心竭力的意思;"信",以实之谓信,即有诚实的意思,也包括诚信的含义。

朱熹在《论语集注》中引用了程颐夫子的话,"教人以学文修行而存忠信也。忠信,本也。"就是说孔子教导弟子的主要内容就是学文和修行,在此过程中必须心存忠信,也就是以忠信以根本。

首先是学文,就是要学习先代之遗文古籍,孔子本人正是"述而不作,信而好古"的传统文化的忠诚践行者。下面我们会讲到"文,莫吾犹人也,躬行君子,则吾未之有得",这是孔子的自我评价,就是说:就书本上的学问来说,大概我同别人差不多,身体力行地去做一个君子,那我还没有达到。这谦虚中透露着孔子的自信,这自信就来自于敏而好学的精神。

其次是力行,"行"是"文"在生活中的落实和体现,也就是表现出来的德行,它包含了生活中的方方面面。而今天的教育,却只重视文化知识的学习,忽视了对孩子道德行为习惯的养成教育,这是最大的悲哀。古人讲"弟子入则孝,出则弟,谨而信,泛爱众而亲仁,行有余力,则以学文",这是有一个先后次序的,就是先学做人,再讲学文。

再次是忠信,"孝悌忠信礼义廉耻"都是德行的表现,其中又以"忠信"为根本。之所以说"忠信"是根本,这是因为从古到今人们普遍认为能做到"忠信"的人必定是意志坚定、自我约束能力很强的人,下定决心必定有毅力坚持下去,所以才会有"忠信之人,可以学礼"的说

法。

这一则主要讲孔子教学的内容。当然,这仅是他教学内容的一部分,并不包括全部内容。孔子注重历代古籍、文献资料的学习,但仅有书本知识还不够,还要重视社会实践活动。从《论语》一书中,我们可以看到孔子带领他的学生周游列国,一方面向各国统治者进行游说,一方面让学生在实践中增长知识和才干。但书本知识和实践活动仍不够,还要养成忠、信的德行,即对待别人的忠心和与人交际的信实。概括起来讲,就是书本知识、社会实践和道德修养三个方面。

从这一则我们可以看出,孔子的教育内容是非常科学而丰富的,从知识学习到社会实践再到品行养成,是三位一体的,这在今天仍有很强的借鉴意义。我们的教育不是培养只会应试的机器,而是生动活泼、善良美好的青年一代,也可说是为民族和国家培养真正的人,而这正是教育的意义之所在。

第七十二讲:君子有恒

【原文】

7·26 子曰:"圣人,吾不得而见之矣;得见君子者,斯可矣。"子曰:"善人,吾不得而见之矣;得见有恒者,斯可矣。亡而为有,虚而为盈,约而为泰,难乎有恒矣。"

【讲述】

孔子说:"圣人我是不可能看到了,能看到君子,这就可以了。"孔子又说:"善人我不可能看到了,能见到有一定操守的人,这也就可以了。本来没有却装作有,本来空虚却装作充足,本来穷困却装作豪华,这样的人是难于有恒心(保持好的品德)的。"

这又是夫子的一叹,面对春秋末期社会"礼崩乐坏"的状况,孔子似乎感到一种绝望,因为他认为在那样的社会背景下,难以找到他心目中的"圣人""善人",而那些"亡而为有,虚而为盈,约而为泰"的人却比比皆是,在这样的情况下,能看到"君子""有恒者",也就感到欣慰了。

这一则的下半句才是关键,做一个有恒者其实也是很难的,问题就出在这三个方面:亡而为有,虚而为盈,约而为泰,就是人们总是关注外面的东西,爱面子、摆架子,却不肯真诚地面对自己。如何做一个有恒的君子? 首先要做到真诚。因为我们可以欺瞒别人,却没法欺瞒自己。唯有真诚,才可以产生向善向美的力量。钱穆先生在其《论语新解》中是这样注释的,"人若有恒,三人行,必可有我师,积久为善人矣。善人不践迹,若能博文好古,斯即为君子。君子学之不止,斯为圣人。有恒之与圣人,相去若远,然非有恒,无以至圣"。有恒心毅力的人,通过取他人之长补己之短,日积月累积,就会成为一个善人;善人如能博文好古,就能成为一名君子;君子学之不止,就能达到圣人的水平。这一条超凡脱俗、转愚为圣的修行之路,所谓"路漫漫其修远兮,吾将上下而求索",需要我们用一生的时间去实践,这需要多么大的毅力与恒心啊! 所以说"难乎有恒矣!"如何做到有恒呢? 且看下一则:

【原文】

7·27 子钓而不纲,弋不射宿。

【讲述】

前一则,夫子刚讲到有恒,这一则就讲钓鱼射鸟,这跨度是不是也有点太大了? 其实,这正是《论语》编排得高明之处,夫子为什么有"难乎有恒矣"之叹？就在于人不能将心安住于仁上。孟子讲"亲亲，仁民，爱物"，就是我们要从亲爱自己所亲爱的人开始，扩大到爱一切的人，再扩大到爱一切的生灵。所以，孔子捕鱼只用钓竿钓鱼，不张网大面积捕鱼，射鸟但不射归巢栖息之鸟。

为什么要"钓而不纲，弋不射宿"？用钓竿钓鱼和用网捕鱼，用箭射飞行中的鸟与射巢中之鸟又有什么区别？从事上讲没啥不同，从理上讲则大不同。编者是在用孔子的这种做法，表明孔子的仁爱之心罢了。同时，也在告诉我们，人要有恒，就得真诚，真诚就要具有仁心，如此便好。

我们大家都知道"网开三面"的故事，这是《史记·殷本纪》中记载的。有一次商汤外出，遇到一个猎人把网四面张开，口中念念有词："从天下四面八方来的都进我的网中吧！"汤说："哎，这太过分了！"于是撤去它的三面，并祝祷说："要想到左边去的，就去左边；要想到右边去的，就去右边；不要命的，就进我的网中来。"诸侯听说这件事，都说："商汤的恩德已经到极点了，甚至施到了禽兽身上。"在古代农耕社会，人们为了自身的生存，有时不得不捕杀鸟兽，但古人做事是有底线的。唐代白居易写道："君莫打枝头鸟，子在巢中望母归"，这是把仁爱之心由人推及物，即使一虫一鸟，一草一木，也是一个生灵，都有存活下去的权利。作为一个仁人君子，尤其不可恃强凌弱，剥夺它们存活下去的权利。

孟子有一句话叫"君子远庖厨"，很多人都听说过。有的人误以为男子汉就应该远离厨房，好像女人才是厨房的主人。其实，这是孟子从长养人的慈悲心入手，劝诫齐宣王实行仁术的一句话。他的原话是：君子之于禽兽也，见其生，不忍见其死；闻其声，不忍食其肉。是以君子远庖厨也。就是说但凡有生命的东西你都不要去杀它，他所推崇的是不忍之心。且看下一则：

【原文】

7·28 子曰："盖有不知而作之者，我无是也。多闻，择其善者而从之；多见而识之，知之次也。"

【讲述】

从钓鱼射鸟再回到有恒的话题上来，还是要真诚地面对自己，不要不懂装懂，不要装腔作势。这一则，孔子说："大概有一种自己不懂却凭空造作的人，我没有这种毛病。多听，选择其中好的加以接受；多看，默默记在心里。这样的知，是仅次于'生而知之'的！"

之所以称为"知之次也"，是因为孔子曾经根据天赋和学习态度把人划分为四个等级：生而知之者，上也；学而知之者，次也；困而学之，又其次也；困而不学，民斯为下矣。夫子一直不承认自己是"生而知之者"，而是坚定地认为自己"学而知之者"，所以他把自己归为第二等人。他对待传统的态度是"信而好古，述而不作"，对自己所不知的东西，多闻，多见，努力学习，这是他对自己的要求，同时也要求他的学生这样去做。

从这些话语里，我们可以看到一个真诚的孔子，这和我们今天的一些人形成了鲜明的对照，今天我们动不动就提"取其精华，弃其糟粕"，对待传统是一种居高临下的姿态，凡是不符合自己心意，就是糟粕，就要扬弃；动不动就要创新，自以为比古人高明得多，要师古不泥，有所发明，有所创造。这本无可厚非，可我们对照孔子的朴实谦逊，照照自己的样子，是不是有时也觉得很好笑呢？

第七十三讲:我欲仁,斯仁至矣

【原文】

7·29 互乡难与言,童子见,门人惑。子曰:"与其进也,不与其退也,唯何甚? 人洁己以进,与其洁也,不保其往也。"

【讲述】

互乡这个地方的人难于交谈,但互乡的一个童子却受到了孔子的接见,弟子们都感到迷惑不解。孔子说:"我是赞成他的进步,不是赞成他的退步。何必做得太过分呢? 别人把自己弄得干干净净而来,便应当赞成他的干净,不要追究他过去的作为。"

孔子时常向各地的人们宣传他的思想主张。但在互乡这个地方,就有些行不通了。可这天来了一个童子,出乎所有人的预料,孔子居然接见了这个小孩子。有的弟子就在私下里犯嘀咕了,原因可能有二:一是互乡这个地方的人不好教化,对牛弹琴;二是夫子说"自行束脩以上,吾未尝无诲焉",前面我们讲到"束脩"就是成人的意思,要十五岁以上,可这个"童子"尚未成人,不知夫子为何要接见他。孔子说了两个层面的意思:一个是"与其进也,不与其退也",我们看人要看好的一面,只要他要求上进,就要赞赏鼓励;一个是"人洁己以进,与其洁也,不保其往也",人不要死抓着过去的错误不放,做人不要抓人家小辫子,要往前看。

前面《八佾》篇中有一句话很有道理:成事不说,遂事不谏,既往不咎。就是说已经做了的事,不用再解释了;已经做完的事,也不要再劝谏了;已经过去的事,就不要再责怪了。特别是我们做老师的,一定要肯定人性向善,一定要看到年轻人的无限可能,一定要通过正面的鼓

-214-

励给人向上的决心和勇气。且看下一则：

【原文】

7·30 子曰："仁远乎哉？我欲仁，斯仁至矣。"

【讲述】

孔子说："仁难道离我们很远吗？只要我想达到仁，仁就来了。"前面我们讲到"仁"，可以理解为果仁的"仁"，就是果实的种子，同样，我们也要唤醒人内心沉睡的"仁"，让其发芽、开花、结果。这"仁"是与生俱来的，"本自具足，不假外求"，不必向外去追求，那"仁"原来一直都在我们心里。所谓"恻隐之心，人皆有之"，每一个都会有同情心，都会对别人的遭遇感同身受，只要我们不断地叩问自己的内心，真诚地面对自己的内心，就会有一种声音在要求我们向上向善。没有人是生而完美的，但没有人能限定你走向完美。古人云："立志而圣则圣矣，立志而贤则贤矣"，强调的是人进行道德修养的主观能动性，这也正是孔子给我们信心。下一则：

【原文】

7·33 子曰："文，莫吾犹人也。躬行君子，则吾未之有得。"

【讲述】

孔子说："书本上的学问，大约我和别人差不多，做一个身体力行的君子，那我还没有做到。"夫子自道自己的学问还说得过去，可在身体力行方面，还没有取得君子的成就，希望自己和学生们尽可能地从这个方面多下功夫，这是夫子自谦之语。

前面我们讲到孔子的自信，是建立在好学的基础之上，《公冶长》篇以"十室之邑，必有忠信如丘者焉，不如丘之好学也"一句作结，这既是夫子对自己实事求是的评价，也暗含着夫子对弟子的殷殷期望。作为一名老师，不仅要做到"学高为师"，更要做到"行为世范"，既要

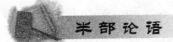

给学生传授书本知识,也注重培养学生的实际能力,更要用自己高尚的品行、渊博的学识去影响人、感染人、塑造人。夫子一生"发愤忘食,乐以忘忧,不知老之将至",其道德文章都令后来者"仰之弥高,钻之弥坚",在诸弟子的眼中,夫子就是圣者、仁者,而夫子却说——

【原文】

7·34 子曰:"若圣与仁,则吾岂敢? 抑为之不厌,诲人不倦,则可谓云尔已矣。"公西华曰:"正唯弟子不能学也。"

【讲述】

孔子说:"如果说到圣与仁,那我怎么敢当! 不过(向圣与仁的方向)努力而不感厌烦地做,教诲别人也从不感觉疲倦,就是如此如此罢了。"公西华说:"这正是我们学不到的。"

这一则承接上文,都是夫子的自谦之词。"躬行君子"我还做不到,至于圣与仁,那我就更不敢当了,意思很连贯。在本章第二则孔子评价自己:"默而识之,学而不厌,诲人不倦,何有于我哉?"(把所见所闻)默默地记在心里,努力学习永不满足,教导别人不知道疲倦,这些事情我做到了哪些呢? 和这一则遥相呼应,夫子自信谦和的音容笑貌便跃然纸上了。

夫子说起圣与仁,自己还不敢当,但朝这个方向努力,他会不厌其烦地去做,而同时,他也不感疲倦地教诲别人。这是他的由衷之言、肺腑之言。仁与不仁,其基础在于好学不好学,而学又不能停留在口头上,重在能行。所以学而不厌,为之不厌,是相互关联的。这是夫子给我们树立的光辉榜样,没有人是生而知之的,也没有人是生而完美的,而人生的意义就在于好学力行的过程中不断完善自我,从而达到止于至善的生命境界。

此则用公西华同学的一句"正唯弟子不能学也"作结,言有尽而意无穷。与"仁远乎哉？我欲仁，斯仁至矣"上下呼应，给人以无穷的希望和力量。不要以为"仁"远在天边，其实那"仁"就在我们心里，我们学孔子，学什么？就在"为之不厌，诲人不倦"这八个字上下功夫，做好自己，影响他人，共同走向人生的康庄大道。

第七十四讲：君子坦荡荡

【原文】

7·31 陈司败问昭公知礼乎，孔子曰："知礼。"孔子退，揖巫马期而进之，曰："吾闻君子不党，君子亦党乎？君取于吴，为同姓，谓之吴孟子。君而知礼，孰不知礼？"巫马期以告。子曰："丘也幸，苟有过，人必知之。"

【讲述】

陈司败向孔子问鲁昭公懂不懂礼，孔子说："懂礼。"孔子出来后，陈司败向巫马期作了个揖，请他走近自己，对他说："我听说君子无所偏袒，难道君子竟偏袒吗？鲁君在吴国娶了一个同姓的女子做夫人，是国君的同姓，称她为吴孟子。如果鲁君算是知礼，还有谁不知礼呢？"巫马期把这句话告诉了孔子。孔子说："我真是幸运，如果有错，人家一定会知道。"

之所以说鲁昭公从吴国娶了一位女子做夫人是违礼的行为，是因为古时按《周礼》的规定，同姓是不能结婚的。下一章我们要讲到泰伯让国，泰伯是周公的爷爷的哥哥，周公应该叫泰伯为伯祖。鲁国国君是周公的后代，吴国王族是泰伯的后代，鲁国与吴国的王族都应该是姬姓。鲁昭公娶同姓女子为夫人，违反了礼的规定，而孔子却说他懂

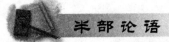

礼,这表明孔子在为鲁昭公祖护,即"为尊者讳"。孔子以维护当时的宗法等级制度为最高原则,所以他自身出现了矛盾,而这个破绽刚好被陈司败抓到了,在这种情况下,孔子不得不自嘲道,"丘也幸,苟有过,人必知之。"事实上,他已经承认偏袒鲁昭公是自己的过错,只是无法解决这个矛盾而已。

孟子评价子路"人告之以有过,则喜",就是说子路有一个很大的优点是"闻过则喜",听到别人给自己指出过错就高兴。除了子路而外,夏禹也是这方面的模范,他只要一听到别人对他说有教益的话,不仅高兴,而且还要就地下拜,行上一个大礼。这里,孔子说"丘也幸,苟有过,人必知之",把别人能够给自己指出过错看作是一大幸事。可见,从夏禹到孔、孟在如何正确对待自己的缺点这个问题上是一脉相承的。

当然,在实际生活中,要真正做到"闻过则喜"是非常难的。这里面的原因很多,但最根本的一点,就是面子和里子的问题,"人要脸树要皮",人都是要脸面的,地位越高的人越看重自己的面子,当面接受别人的批评不是件容易的事,"闻过则喜"则是难上加难,能做得到的,恐怕只有闻过则怒、文过饰非罢了。

【原文】

7·35 子疾病,子路请祷。子曰:"有诸?"子路对曰:"有之;《诔》曰:'祷尔于上下神祇。'"子曰:"丘之祷久矣。"

【讲述】

孔子病重,子路请求祈祷。孔子说:"有这回事吗?"子路说:"有的。《诔》文上说:'替你向天地神祇祈祷。'"孔子道:"我已经祈祷很久了。"

对于这段文字怎么理解?有人认为,孔子本人也向鬼神祈祷,说明他是一个非常迷信天地神灵的人；也有人说，他已经向鬼神祈祷很久了，但病情却未见好转，表明他对鬼神抱有怀疑态度。我个人的理解是，孔子说"丘之祷久矣"，就是说孔子在自我表白，想想自己平生行谊，足可以对天地、质鬼神，也就《中庸》所说的"建诸天地而不悖，质诸鬼神而无疑"，平日不做亏心事，半夜不怕鬼叫门，不用临时抱佛脚，抱也没有用，所以孔子婉拒了子路的好意。

【原文】

7·37 子曰："君子坦荡荡，小人长戚戚。"

【讲述】

承接上文，孔子病重，婉拒了子路的"请祷"，决不临时抱佛脚，想想自己一生行不由径，光明磊落，所以说："君子胸怀宽广坦荡，小人却经常局促忧愁。"

孔子认为，作为君子，应当有宽广的胸怀，可以容忍别人，容纳事物，不计个人利害得失。心胸狭窄，与人为难、与己为难，时常忧愁，局促不安，就不可能成为君子。

钱穆先生在《论语新解》对于本章注释非常精辟，"君子乐天知命，俯仰无愧，其心坦然，荡荡宽大"，"小人心有私，又多欲，驰竞于荣利，耿耿于得丧，故常若有压迫，多忧惧"。君子乐天知命，是有道德、有修养的人，不以物喜，不以己悲，仰不愧于天，俯不怍于人，故其心坦然。小人私欲心过重，一生奔波于利益的追求，未得患得，既得患失，心胸多处于患得患失的夹缝中，无时无处不忧愁、烦恼。

虽然我不太喜欢用君子和小人区分人，但人和人之间真的是有天壤之别。"进亦忧，退亦忧"的范仲淹，忧的是家国天下，而绝大多数人忧的是个人得失，没有得到时害怕得不到，得到了又害怕失去，所以有终生之忧，而无一日之乐。其实，世界是美好的，生活是值得过得

的,为什么我们总是愁眉紧锁,就在于我们总是放不下一个"我"——我的利益、我的面子、我的喜乐……我想,任何过分夸大个人痛苦的说法和做法都是没有出息的表现。一个人只有从小我跳出来,学着为父母、为子女、为众生尽一份力、发一份光,不断扩大自己的心量,才能体味此心坦荡的光明气象。

泰伯篇

本篇共计 21 则。主要内容涉及:孔子及其学生对尧舜禹等古代先王的评价,同时也指出了仁、礼的重要性;孔子教学方法和教育思想的进一步阐释;曾子在若干问题上的见解等。其中著名的文句有:"鸟之将死,其鸣也哀;人之将死,其言也善""任重而道远""死而后已""不在其位,不谋其政"等。

第七十五讲:礼让的精神

【原文】

8·1 子曰:"泰伯,其可谓至德也已矣。三以天下让,民无得而称焉。"

【讲述】

孔子说:"泰伯,那可以说是品德极崇高了,几次把天下让给季历,老百姓都找不到合适的词句来称赞他。"

前面我们讲到子贡之问的时候,提到伯夷、叔齐的故事。这里的泰伯,也是此类人物。泰伯,亦作太伯,姬姓,是周部落首领古公亶父的长子。太伯的母亲名叫太姜,是有台氏之女,古公亶父的正妻,生太伯、仲雍和季历。季历和他的儿子姬昌都很贤明,古公亶父因此有立季历为继承人的想法，以便传位给姬昌。泰伯知道父亲的心思，为了成全父亲，便和二弟仲雍逃奔到了荆蛮之地。古公亶父死，泰伯不回来奔丧，后来又断发文身，表示终身不返，最终把君位让给了季历，季历传给姬昌，即周文王。武王时，灭了殷商，统一了天下。这件事在孔子看来，是值得称道的，三让天下的泰伯是道德最高尚的人。只有天下让与贤者、圣人，才可能得到治理，而让位者则显示出高尚的品格，老百姓对他们是称赞无比的。

泰伯的至德是有典可查，有据可考的。历来注家的分歧在"民无得而称焉"上，上文的注解为老百姓找不到合适的词句来称赞泰伯，而朱熹则认为"无得而称"是因"其逊隐微，无迹可见也"，就是说由于年代久远，地处偏远，百姓对泰伯的事知之甚少，所以无从说起、无法赞誉。

前面我们讲到伯夷、叔齐在历史上名气就大得多，就因为这二人曾扣马而谏武王，采薇不食周粟，终饿死于首阳之山。就因这二人的气节备受后世文人士大夫推崇，以至千年以下，唐人还有诗云：相顾无相识，长歌怀采薇。而泰伯、仲雍与伯夷、叔齐虽同为隐者，结局却大不同。这哥俩一起开发江南，引导百姓兴水利、养桑蚕、种稻谷、明礼仪、兴教化，使原本蛮荒的江南得到第一次文明的跳跃，而泰伯本人也被当地百姓拥立为国王，成为吴国第一代君主。泰伯终身未娶，未有子嗣，后又传位于二弟仲雍。而泰伯这一让，让出了两家天下，一为三弟的周天下，二为二弟的吴天下，其品德之高尚使后人敬仰，也被后人尊为至德先圣、江南人文之祖。

在这里，孔子是赞叹泰伯礼让为国的精神，接下来，孔子继续讲"礼"的重要性，我们一起看下一则：

【原文】

8·2 子曰:"恭而无礼则劳,慎而无礼则葸,勇而无礼则乱,直而无礼则绞。君子笃于亲,则民兴于仁,故旧不遗,则民不偷。"

【讲述】

孔子说:"注重容貌态度的端庄,却不知礼,就未免劳倦;只是谨慎,却不知礼,就会畏缩拘谨;专凭敢作敢为的胆量,却不以礼来节制,就会盲动闯祸;心直口快,却没有礼的节制,就会变得尖刻刺人。在上位的人如果厚待自己的亲属,老百姓当中就会兴起仁德的风气;在上位的人如果不遗弃老同事、老朋友,那老百姓就不会人情淡薄。"

前一则讲礼让为国,这一则讲礼对于个人、国家的重要意义。古人讲:"礼者,天之经也,地之义也,民之行也。"前面我们讲到"和为贵"的时候,社会的和谐要"以礼节之",不能"知和而和",这是社会层面;第二个层面,是人与人之间的交际层面,一部《礼记》可以归结为五个字:自卑而尊人,"礼者,敬而已矣",它代表的是一种尊重,人际交往的基本原则就是靠礼来彰显和保证的;第三个层面,礼对个体而言,它代表着教养,代表着文明素质,古代君子,要文质彬彬,彬彬有礼。

这一则,讲到的"恭""慎""勇""直"都是人所具有的美好德行,但是如果不以礼节之,其弊端就会显现出来。由此可见君子任何时候的所作所为必须以守礼为行为准则。只有在"礼"的指导下,这些德目的实施才能符合中庸的准则,否则就会出现"劳""葸""乱""绞",就不可能达到修养身心之目的。

君子或者说上位者如果都能够守礼,做到"笃于亲""故旧不遗",上行下效,百姓就会"兴于仁""民不偷",社会的安定和谐就此形成了。这一则的两节内容有一定的内在联系,或者说是有一定的因果关系的。"笃于亲"讲的是孝悌,就是亲近你所应亲近的,也就是"因不失

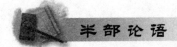

其亲","故旧不遗"讲的是信,就是不忘记老朋友、老相识,也就是不忘初心、不忘根本,而这两点也正是为仁之本,君子笃行之,自然而然会影响他身边的人,不断地扩展,就会形成亲疏远近、各安其位、井然有序的和谐社会,这也就是"周公制礼"及孔子"克己复礼"的最终目的。

第七十六讲:曾子有疾

【原文】

8·3 曾子有疾,召门弟子曰:"启予足!启予手!《诗》云,'战战兢兢,如临深渊,如履薄冰。'而今而后,吾知免夫!小子!"

【讲述】

曾子病得很重,把他的学生召集到身边来,说道:"看看我的脚!看看我的手(有没有损伤)!《诗经》上说:'小心谨慎呀,好像站在深渊旁边,好像踩在薄冰上面。'从今以后,我才晓得自己是可以免于祸害刑戮的了,弟子们!"

这一则曾子借用《诗经》里的"战战兢兢,如临深渊,如履薄冰"来形容自己一生谨慎小心。为什么要如此小心谨慎?据《孝经》记载,孔子曾对曾参说过:"身体发肤,受之父母,不敢毁伤,孝之始也。"就是说,一个孝子,应当极其爱护父母给予自己的身体,包括头发和皮肤都不能有所损伤,这就是孝的开始。曾子在临死前要他的学生们看看自己的手脚,以表白自己的身体完整无损,对自己的父母可以有个交代了,似有如释重负之感。

曾子的这番话意味深长。爱自己是一切美好的开始,儒家讲"君子不立于危墙之下"，就是说君子一旦发现自己处于危险境地，要及时离开，这是对自己负责，更是对父母负责。仁者爱人，前提是仁者爱己。让自己的身体完好无损，这是对父母最大的孝，再进一步发挥出去，让自己的品德如玉，没有瑕疵，不会让父母因自己的言行而蒙受耻辱，则是更高一层次的孝，再进一步去想，君子立志修身扬名，让父母以我为荣，则是孝之至也。

"身体发肤，受之父母，不敢毁伤"这是孝行的开始，并非完结。身体生命固然珍贵，但有比身体生命更重要的，孔曰"成仁"，孟曰"取义"。孔子说："志士仁人，无求生以害仁，有杀身以成仁。"就是说志士仁人，没有贪生怕死而损害仁的，只有牺牲自己的性命来成全仁的。身体完好无损是孝之始，可人这一辈子总不能守着一副好皮囊，不干点正事吧。儒家把"仁"视为人生的终极目标，为了"仁"，必要时是可以舍弃生命的。且看下一则：

【原文】

8·4 曾子有疾，孟敬子问之。曾子言曰："鸟之将死，其鸣也哀；人之将死，其言也善。君子所贵乎道者三：动容貌，斯远暴慢矣；正颜色，斯近信矣；出辞气，斯远鄙倍矣。笾豆之事，则有司存。"

【讲述】

曾子病得很重，孟敬子去探望他。曾子对他说："鸟快死了，它的叫声是悲哀的；人快死了，他说的话是善意的。君子所应当重视的道有三个方面：严肃自己的容貌，这样可以避免粗暴和懈怠；端正自己的脸色，这样就容易使人相信；说话的时候，多考虑言辞和声调，这样就可以避免粗野和错误。至于祭祀和礼节仪式，自有主管这些事务的官吏来负责。"

孟敬子，姬姓，鲁国孟孙氏第 11 代宗主，名捷，世称仲孙捷，谥号敬,是孟武伯的儿子。据说,曾子与孟敬子在政治立场上是对立的。曾子在临死前,还在试图改变孟敬子的态度,所以他说:"人之将死,其言也善。"这一方面表白他自己对孟敬子没有恶意,同时也告诉孟敬子,作为君子应当重视的三个方面。这些道理现在看起来,还是很有价值的,对于个人的道德修养、建立和谐的人际关系都有积极的借鉴意义。

首先是"动容貌,斯远暴慢矣",人能经常注意自己的举止容貌,使之合礼,自身就会远离粗暴、怠慢。人的傲慢又很多表现形式。有的人是笑眯眯不讲话,一副故作高深的姿态,是傲慢;有的人好开玩笑,尤其是拿别人开玩笑,自己以为是幽默,其实是玩世不恭,这也是粗俗和傲慢的一种表现;还有的人指点江山,意气风发,口若悬河,滔滔不绝,更是自以为是的表现。我们要经常拿这些人当成一面镜子,看看自己有没有这样的样子,要时常端正自己的容貌,改正自己粗暴、怠慢的毛病。

其次是"正颜色,斯近信矣",人能经常注意保持庄重严肃的神态,则自身会不断接近诚信的标准。为什么"古者言之不出,耻躬之不逮也",就是古人不轻易许诺别人什么,是因为害怕自己做不到,所以我们要严肃自己的态度,并非说要一本正经,关键是要有诚敬之心,这样才能取信于人。

再次是"出辞气,斯远鄙倍矣",注意自己的言辞清爽、和悦,就会远离鄙陋、错误。这一点尤其重要,作为老师,拿不准的不要讲,拿得准也要慢慢讲。要么不讲,讲则必中,要有根有据,有情有理,既不含糊其词,让人不知所云,也不要夸夸其谈,让人生厌。

从曾子的临终之言我们可以看出,君子一生"战战兢兢,如临深渊,如履薄冰",动容貌,正颜色,出辞气,这正是修身之要,为政之本。

求学之人应该以此为标准,时刻自省,造次必于是,颠沛必于是。

第七十七讲:风骨气度

【原文】

8·5 曾子曰:"以能问于不能,以多问于寡;有若无,实若虚,犯而不校——昔者吾友尝从事于斯矣。"

【讲述】

曾子说:"自己有才能却向没有才能的人请教,自己知识多却向知识少的人请教;有学问却像没学问一样,满腹知识像空无所有一样;纵被欺侮,也不计较——从前我的一位朋友便曾这样做了。"

首先,"以能问于不能""以多问于寡"旨在表明在学习上的谦逊态度。孔子特别赞赏孔文子的"敏而好学,不耻下问"。为什么要"不耻下问"? 就在于"三人行,必有我师焉",我们要做的就是"择其善者而从之,其不善者而改之",这是人生修行的第一要义,可是人们总是习惯于眼睛向外看,看别人这也不是、那也不对,却忘了自我修正、自我净化、自我提升、自我完善。

其次,"有若无""实若虚"就是希望人们始终保持谦虚不自满的态度。从前我们讲虚怀若谷,现在我们讲"空杯"理论,都是一种"有若无""实若虚"的状态。前面我们讲到"子入太庙,每事问",孔子进入太庙参与国家祭祀大典的时候,每件事、每个细节,他都要仔细询问。这时有人就嘲笑孔子说:"谁说邹地的那个小子懂礼知礼? 我看他什么都不懂,到了太庙以后,东问西问,什么都不知道啊!"孔子听说以后,认真地说道:"这正是懂礼的表现啊。"这是孔子以自己的言行给"有

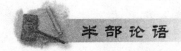

若无""实若虚"作的最好的注脚。

再次,"犯而不校"就是说别人冒犯了我,我也不去计较。不是说你打我一拳,我定还你一脚,不是睚眦必报的那种。有时候,不记恨别人需要宽阔的胸怀和忍让精神,这是难能可贵的。

最后,"吾友"旧注上一般都认为这里是指颜渊。之所以用"昔者",说明这句话是在颜回去世以后说的。就是说这些做法,是曾子极力推崇的,而能够做到的,则是自己的老同学颜回了。

【原文】

8·6 曾子曰:"可以托六尺之孤,可以寄百里之命,临大节而不可夺也——君子人与?君子人也。"

【讲述】

曾子说:"可以把幼小的孤儿和国家的命脉都交付给他,面临生死存亡的紧急关头而不动摇屈服——这样的人是君子吗?是君子啊!"

钱穆先生在《论语新解》中对本章有这样的注释:盖才有穷时,惟德可以完整无缺,此非重德行而薄事功,实因德行在我,事功不尽在我。并以史可法、文天祥为例,"心尽力竭,继之以死,而终于君亡国破",不能称之为无才,虽然最终还是以失败告终,能不称之为君子吗?所以此处对君子评价的关键是其志"不可夺也"!正所谓"三军可夺帅也,匹夫不可夺志也"。

纵观二十四史,所谓的"托孤大臣"下场好的并不多。辅佐幼主,共克时艰,忠贞不贰的,死而后已的,千年以下,当推诸葛亮了。《三国志》中是这样记载"白帝城托孤"的:章武三年(223年)春,先主于永安病笃,召亮于成都,属以后事,谓亮曰:"君才十倍曹丕,必能安国,终定大事。若嗣子可辅,辅之;如其不才,君可自取。"亮涕泣曰:"臣敢竭股肱之力,效忠贞之节,继之以死"!先主又为诏敕后主曰:"汝与丞相从事,事之如父。"这里,刘备先是给诸葛亮下了个套,"若嗣子可辅,辅之;如其不才,君可自取",就是说孩子能扶就扶,扶不起来,你就自己来吧。这未必是真心话,极有可能是对诸葛亮的试探。你想,诸葛亮那是绝顶聪明的人啊,他能听不出这话里边的话,所以他一边磕头一边表忠心:"臣敢竭股肱之力,效忠贞之节,继之以死!"而诸葛亮这一个头磕下去,也就终身卖给老刘家了。终其一生,他都以收复中原、光复汉室为己任,鞠躬尽瘁,死而后已。这是对"可以托六尺之孤,可以寄百里之命,临大节而不可夺也"最好的诠释了。

这样的人是君子吗?这样的人肯定是君子啊!这一问一答,赞誉之情溢于言表。曾子的话,道出了儒学教育的根本宗旨,就是要培养"君子",用今天的话说就是有理想、有操守、有知识、有才干的人,他可以受命辅佐幼君,可以执掌国家政权,可以使于四方不辱君命,这样的人在生死关头决不动摇,决不屈服,坚守气节,不改其志,这才是儒家教育的终极目标。

【原文】

8·7 曾子曰:"士不可以不弘毅,任重而道远。仁以为己任,不亦重乎?死而后已,不亦远乎?"

【讲述】

曾子说:"读书人不能没有恢宏的气度与刚毅的性格,因为他责任重大,道路遥远。以行仁为自己的责任,难道还不重大吗?奋斗终生,死而后已,难道路程还不遥远吗?"

朱熹对于士为什么要弘毅是这样注释的,"非弘不能胜其重,非毅无以致其远"。意思就是说追求仁德如果没有宽广的胸怀,就无法承受起其间的压力,如果没有刚强的毅力,是无法坚持长久的。我们读《曾国藩家书》知道曾家的家训就是"男儿以懦弱无刚为耻",入仕后

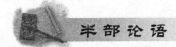

曾国藩也常以"好汉打脱牙和血吞"自勉自励,这些都是勇毅血性之体现。俗话说,人无刚骨不立,可是一定要在"毅"字前面加上一个"弘"字,就是要有胸襟抱负,否则一味争强好胜,则终归处处受碍、事事局促罢了。

年少时,我曾把自己读书的屋子取名"弘毅草堂",今日想来,未免有些年少轻狂,可再细想,如果一个人,特别是一个立志修行做君子的人,如果离开了"弘毅"二字,定是没有脚跟、没有筋骨,又谈何进德修业、事功前程呢?追求仁德是立志于道的读书人毕生都做不完的事业,不但自己要努力践行仁道,还要通过自己的身体力行感染身边的人,将仁爱的种子不断散向四面八方,使传统文化之精髓及内涵能得以传承,在正己化人的过程中移风易俗,收拾世道人心。所以,这是一个无上光荣而又任重道远的使命,在这个过程中,是不能没有恢宏的气度与刚毅的品性的。要心包太虚,心里要装着天地、装着众生,在立志成仁的道路上择善固执,百折不挠,最终止于至善。

第七十八讲:诗礼乐

【原文】

8·8子曰:"兴于《诗》,立于礼,成于乐。"

【讲述】

孔子说:"启发上进的意志要靠读《诗》,具备处世的条件要靠学礼,达成教化的目标要靠习乐。"

先说"兴于《诗》"。这里的《诗》是专指《诗经》,它是我国历史上第一部诗歌总集,经过孔子整理,收集了从西周初年到春秋中叶 500 年间的诗歌305篇,到了汉代,一些学者把它奉为经典,便称之为《诗经》了。孔子一言以蔽之,曰:思无邪。思想纯正,没有什么一丝一毫的邪念在里面。《礼记》讲"温柔敦厚,《诗》教也","温柔敦厚"是就人的气质情性而言,经过《诗》的陶冶,可以让人们富有温良的善意、诚朴的人格、平和的性情。读诗,于个人而言,可变化气质,于群体而言,可移风易俗。孔子十分重视诗教,他常劝导学生们说:"你们为什么不去读《诗》呢?""《诗》可以兴,可以观,可以群,可以怨;迩之事父,远之事君;多识于鸟兽草木之名。"兴观群怨,是孔子对诗的美学、教育功用的深刻认识,是对诗的社会功用的高度概括,道出了诗教的根本要义。

"兴"在这里是兴发、振兴的意思,就是说读《诗》可以兴发一个人的意气。诗本就多随性情而作,诗的语言富有韵律之美,音节和谐,抑扬顿挫,朗朗上口。吟咏间,既可感动自己,亦能感染他人,这在文学上我们称之为共鸣。我常跟同学们讲,年轻人一定要多读诗,读《诗》可以柔软人的心灵,拓展一个人的心胸,让人诗意地看待人生的荣辱得失。一个年轻人可以不成为诗人,但不能不读诗歌,特别是《诗经》。如果把我们的华夏文明比作一条长河,这是上流源头从雪山上流下的第一流清泉,掬一捧,喝下去,可以清火气、养元气、长志气,让人神清气爽、心旷神怡、逸兴遄飞。

其次是"立于礼"。《礼》,又称《周礼》《周官》,是周王室的宗伯管理的典章制度。周公在洛邑制礼作乐,奠定了周礼的基础。《礼记》讲"恭俭庄敬,礼教也",礼的功用就在于让人变得"恭俭庄敬","恭近于礼,远耻辱也",一个人做到了恭俭,便可远离耻辱,而"庄敬曰强",做到了"庄敬"便足可以"自立",所以说"立于礼"。

钱穆先生认为"礼以恭敬辞让为本,而有节文度数之详。学者之能卓然自立,不为事物所摇夺者,每于礼得之"。学者通过礼的学习,就可以做到"定亲疏,决嫌疑,别同异,明是非",不为外界事物所影响。孔子讲自己"三十而立",也就是立于礼,正是因为知礼,所以能"定乎内外之分,辩乎荣辱之境",遇事心中有主张,处事有章法,知进退、懂取舍,从而可以卓然自立于世了。

最后是"成于乐"。《乐》是隶属周王室司乐的音乐作品,有人说《诗》和《乐》实际上是一体的。《诗》为乐歌,"诗"记词,"乐"记谱。《乐》集夏、商两代音乐精华之大成,由周公整理而成,周王室历代乐官修订。《礼记》讲"广博易良,乐教也","广博"是讲乐之丰富,乐包括了音乐、艺术、文艺、运动等等,在我们的传统文化中,这些都包括在"乐"里,"易良"就是由坏变好,平易而善良。音乐的作用就在于可以陶冶人的性情,涤荡心灵中的邪秽,消融内心所留的渣滓。学成之后,对于仁义之理了然于胸,待人接物自然而然和顺于仁德。所以说,一个人的培养完成是在"乐"上。

后面, 我们讲到第十六章《季氏篇》的时候,里面记叙了一个片段,挺有意思。陈亢问于伯鱼曰:"子亦有异闻乎?"对曰:"未也。尝独立,鲤趋而过庭。曰:'学《诗》乎?'对曰:'未也。''不学《诗》,无以言。'鲤退而学《诗》。他日,又独立,鲤趋而过庭。曰:'学礼乎?'对曰:'未也。''不学礼,无以立。'鲤退而学礼,闻斯二者。"陈亢退而喜曰:"问一得三。闻诗,闻礼,又闻君子之远其子也。"陈亢问伯鱼:"你在老师那里听到过什么特别的教诲吗?"伯鱼是孔子的儿子,陈亢之所以问这个问题,大概是想问些平日里在老师那里听不到学问。伯鱼回答说:"没有呀。有一次他独自站在堂上,我快步从庭里走过,他说:'学《诗》了吗?'我回答说:'没有。'他说:'不学诗,就不懂得怎么说话。'我回去就学《诗》。又有一天,他又独自站在堂上,我快步从庭里走过,他说:'学礼了吗?'我回答说:'没有。'他说:'不学礼就不懂得怎样立身。'我回去就学礼。

我就听到过这两件事。"而陈亢回去高兴地说:"我提一个问题,得到三方面的收获,一是该学诗,二是该学礼,三是君子不偏爱自己的孩子。"

从上述这段对话中,我们可以看出孔子对儿子伯鱼的要求,就是要学诗、学礼,"不学《诗》,无以言","不学礼,无以立",和上面这一则遥相呼应。

这一则,孔子提出了他育人的三个层面:诗、礼、乐,他要求学生不仅要讲个人的修养,而且要有全面、广泛的知识和技能。而诗、礼、乐是我们通向成仁境界的阶梯,人生若以此为道,则可以真正踏上修行之路,从而登堂入室、转迷成悟、超凡脱俗。

第七十九讲:人性的弱点

【原文】

8·9 子曰:"民可使由之,不可使知之。"

【讲述】

孔子说:"对于老百姓,只能使他们按照我们的意志去做,却不能使他们懂得为什么要这样做。"

于是,这一句话,就成了孔子"愚民"思想的罪证了。其实,孔子思想上有"爱民"的内容,但这有前提,他爱的是"顺民",而不是"乱民"。《论语》全篇第二则就是有子的"其为人也孝弟,而好犯上者,鲜矣;不好犯上,而好作乱者,未之有也"。可见,孔门的务本之基是"孝弟",而着眼点则是"求忠臣于孝子之门",是基于维护正常的伦理道德和社会秩序的。

老子讲"大道废,有仁义;智慧出,有大伪;六亲不和,有孝慈;国家昏乱,有忠臣",是对人性和社会有着深刻认识的,当国君用"智慧"创造制度法令来统治老百姓的时候,百姓就会用"智慧"来逃避它,虚伪狡诈也就随之而产生了。所以,对于施政来说,要有结果导向的思维,就像商鞅"徙木立信"一样,你不一定非要把施政的意图告诉百姓,但你一定要把行为的结果切切实实地让大家感受到,痛的一定让他痛,痒的就要让他痒,而不是不痛不痒,无关痛痒。

而作为在下位者来说,有时候"跟着走"也是一种智慧,毕竟我们每个人所站的位置不同,有时看问题的角度就不同。在与他人的相处中,我们的角色是经常互换的,在下属面前我们是上级,在领导面前我们是下属。我们有时是决策者,有时是执行者。在上位,就要"在上唯周",虑事要周全、周到、周密;在下位,就要"在下唯沉",做事沉着、沉稳、沉潜。

【原文】

8·10子曰:"好勇疾贫,乱也。人而不仁,疾之已甚,乱也。"

【讲述】

孔子说:"好勇斗狠又厌恶贫穷,就比较容易犯上作乱。缺乏仁德之人,逼迫他太过,也容易使之作乱。"

好勇、尚勇是美德,孔子也讲"见义不为,无勇也",作为仁人君子,是一定要见义勇为的。但勇为的前提是见义,就是说要做合乎道义的事情。怕就怕在"好勇疾贫",做事鲁莽,好冲动,又不能安于现状,过不了穷日子,一有风吹草动,马上就蠢蠢欲动、揭竿而起了。而作为统治者,对待百姓首先要做到富民,然后"富而教之",使之没有"疾贫"之根源,再通过教化,"使知方也",从而做到"有耻且格"。

前面我们讲到《里仁》篇时,孔子说过一句话"惟仁者能好人,能恶人"。对于违仁之人之事,是应该憎恶,但是要实现转变这些不仁之人的目的,方法很重要,若是一味打压、强求,只会引发其内心隐藏的恶,从而铤而走险,甚至会祸及无辜。《弟子规》中说:扬人恶,即是恶;疾之甚,祸且作。一个人如果没有宽恕之心,到处宣扬别人的恶,这种行为本是也是恶行,过分嫉恨,不依不饶,结果就会惹祸上身。

在孔子看来,老百姓如果不甘心居于自己穷困的地位,他们就会起来造反,这就不利于社会的安定,而对于那些不仁的人逼迫得太厉害,也会惹出祸端。所以,最好的办法就是"民可使由之,不可使知之",就是淡化人性中恶的因子,升华人性中美好的部分,不断地改善人性的弱点。且看下一则:

【原文】

8·11 子曰:"如有周公之才之美,使骄且吝,其余不足观也已。"

【讲述】

孔子说:"一个人即使有周公那样美好的才能,如果骄傲自大而又吝啬小气,那其他方面也就不值得一看了。"

周公是孔子的精神偶像。他代成王摄政七年,制礼作乐,厥功至伟,后来,成王以鲁国封其子伯禽,周公以戒骄戒吝诫子伯禽,要他谨守恭俭谦卑之德。可见做领袖的人,并不是以钱财、权利来服人的,而是以谦德,使人信服。周公贤德,一饭三吐哺、一沐三握发,以求贤才,因他能虚怀若谷,所以天下归心。

"如有周公之才之美","才"是才艺,"美"是办事很完美。就是说如果有一个人如果具备像周公那样的贤德,"使骄且吝","使"是假使,假使他因此而骄傲,并且吝啬,"其余不足观也已",就是其它的方面都不值得一看了。当然孔子绝对没有怀疑周公会骄傲、会吝啬的意思,而是拿周公说事,重在讲德行的重要性。

先说"骄"。基督教认为人的"重大恶行"有七宗,这"七宗罪"按严重程度递增依次为傲慢、嫉妒、愤怒、懒惰、贪婪、淫欲和暴食。傲慢是排在第一位的。王阳明说"为子而傲,必不能孝;为弟而傲,必不能弟",孝、悌是为仁之本,是做人的根基,根基不存,必是自取灭亡之道。在西方,莎士比亚也曾经说过:"一个骄傲的人,结果总是在骄傲里毁灭了自己。"古今中外,皆是一理。

我们常讲"满招损,谦受益"。一个人有德,他就会很谦虚,知道自己的不足而去努力学习;而一个有才的人,却很难会主动去反省自己德行的不足,他的才和美再好也好不过哪去,如果他骄傲自大而又吝啬,这样的人一定欲望过多,爱好名利,爱好财物,一定会用过多的精力关注于外在的名利财物,那他的德才就会日见其退。

对治傲慢就一个字"谦"。"谦",在《易经》是一个卦名,叫作"地山谦"。它的卦像,是高山峻岭,伏藏在地的下面,也可以说,在万仞高山的绝顶之处,呈现一片平原,满目晴空,白云万里,反而觉得平淡无奇,毫无险峻的感觉。

万事退一步就叫谦,不傲慢就叫谦,让一步就叫谦,多说一声谢谢、对不起,就叫谦,谦卦六爻皆吉。除了谦卦,其余的卦,有好就有坏,有吉就有凶。谦卦的道理就是这样。你到了最高处,就要平实,不要认为自己高,这就是谦的道理。

所以地山谦,山最高,像昆仑山、喜马拉雅山顶,那多高呀!但是高有什么用呢?高要能下才好。山顶上面是平地,意思就是:最高处要是最平凡的,最平凡最恭下的就是谦卦。

再说"吝"。"吝者,私其才不以及人",我们一般解为吝啬。我们再看"吝"这个字,上面是一文,下面是一个口,也有文过饰非的意思。如王戎,是竹林七贤之一,家有好李树,怕人得李子核种,都把李子核钻洞然后卖出去,见人也都说好话。另一位是和峤,有钱癖,一毛不拔,见人便恭敬、赞叹人。普通人大概是"骄则不吝,吝则不骄",而有的人,则是"骄且吝"兼而有之,这就不得了。

所谓"其余不足观"的"其余"就是指其"才",有德之人的"才"才是为政之必须,如果有才而无德,即使做成了事,也没什么可学习的。用有才而无德之人做事,短时间也许会有成效,但时间一长,骄吝之弊端必定会使之得不偿失。

历史上最有名的就是曹操讲求"唯才是举",哪怕"负污辱之名,见笑之行,或不仁不孝而有治国用兵之术"的人才,"其各举所知,勿有所遗",使曹操在很短的时间内能稳定局势,但曹操越到晚年,越是以慎德为念,越是重视人才的德行。

第八十讲:学如不及

【原文】

8·12 子曰:"三年学,不至于谷,不易得也。"

【讲述】

孔子说:"经过三年学习,其志向始终不在官禄,这样的人难得啊。"谷,这里代指俸禄,古时做官得俸禄一般按粮食算。据《史记》记载,孔子做大司寇的时候一年的俸禄是六万斗粟米。"三年学,不至于谷,不易得也。"至通志,当志向讲,这句话的意思就是学了三年,心思不到俸禄上去的,是不易找到的。

孔子教育弟子做人要志于道,为学更要志于圣贤之道,而不是志于功名利禄。我教学时,常以"读书志在圣贤,做事心存家国"与诸生共勉。当然,孔子也不反对弟子们出仕做官,前面我们讲到"子张学干禄",子张同学来求学,就是冲着"干禄"来的,这也无可厚非。但是孔子教育弟子,要"志于道,据于德,依于仁,游于艺",使自己的人生步入到正确的轨道上来。做官就要为民做主、为民服务,自然会得俸禄,但一定是顺其自然,所以不要将俸禄看得过重,人一旦志于俸禄、志于欲望,发心和行为就会偏于圣贤之道,出问题是早晚的事。我们要做事叩问良心,前行不忘初心。

【原文】

8·13 子曰:"笃信好学,守死善道,危邦不入,乱邦不居。天下有道则见,无道则隐。邦有道,贫且贱焉,耻也;邦无道,富且贵焉,耻也。"

【讲述】

前一则,讲到学习的目的,不是志于谷,而是志于道。接下来,孔子说:"坚定(对道的)信念并能努力学习,终其一生坚持对道的信仰不动摇,并践行之。不进入政局不稳的国家,不居住在动乱的国家。天下有道就出来从政;天下无道就隐居不出。邦国有道而自己贫贱,是耻辱;国家无道而自己富贵,也是耻辱。"

先说"笃信好学",钱穆先生的注释是"信,信此道。非笃信则不能好学。学,学此道,非好学亦不能笃信。"可见,笃信与好学是相辅相成的,缺一不可。孔子说自己是"信而好古",可见为学的动力之源是"信"。因为相信,所以看见,这是圣贤;因为看见,所以相信,这是凡夫。在学习中,我们一定有信愿,这是一种强大的力量。我们学习一样东西,先别忙着批判,先别忙着创建,要带着一颗诚敬之心,先登堂,先入室,方解其中三昧。

再说"守死善道",这是讲坚守。能笃信,又能做到好学,然后终其一生坚持信仰不动摇,才能称之为善道者,所谓善道者,就是即完全掌握、了解了道的真谛，又善于将之践行运用之人。而守死善道，则是矢志不渝，一以贯之。我们讲《论语》讲到"仁"时，很多时都做动词讲，可理解为行仁，就是力行近仁。这里在守后面加了一个死字，不是一般的守，而是死守，因为仁是需要用一生去践行，用一生去完成的。

这一则，讲的是为学之道。之所以能至死不移就是因为对道的坚定的信仰，之所以能善于运用、践行道，其基础则是对于道的努力学习。而下面的"危邦不入，乱邦不居"就是讲的变通，所谓"君子不立危墙之下"，就是在"行仁"的过程中，既要择善固执，也是通权达变。"天下有道则见，无道则隐"，"用之则行，舍之则藏"，这是孔子为官处世的一条重要原则。此外，他还提出应当把个人的贫贱荣辱与国家的兴衰存亡联系在一起，这才是为官做事的基点。

【原文】

8·17 子曰："学如不及，犹恐失之。"

【讲述】

这一则是讲学习态度的问题。孔子说："学习知识就像追赶不上那样，又会担心丢掉什么。"孔子自己对学习知识的要求十分强烈，他也同时这样要求他的学生。这"学如不及，犹恐失之"，其实就是"学而不厌"一句最好的注脚。我们在学习的过程中，就是要一路追赶、一路奔跑，还生怕自己落在后面，更不要说三天打鱼、两天晒网了。我们常讲"学如逆水行舟，不进则退"，学习就是这样，要么前进，要么后退，从来就没有原地不动的道理。

前面我们讲到学习的目的、态度，当志向立定，路径明确之后，剩下就是力行了，而力行最重要的就是惜时。我们学习遇到的最大的困扰是什么？就是没时间，工作忙，俗事多。而古人"三余"读书的典故，就给我们很好的启示。

　　三国时期魏国的董遇为避李傕、郭汜之乱，与哥哥季中便投奔到段煨将军处。他们经常上山打柴背回卖钱维持生活，每次上山打柴时董遇都带着书，有空闲就拿出书诵读，哥哥讥笑他，但他照样读书。董遇名声渐起，有个人想跟着董遇学习，董遇不肯教："必须在这之前先读很多遍。"董遇的意思是：读书多读几遍，它的意思自然显现出来了。求教的人说："苦于没时间！"董遇说："应当用'三余'。"有人问"三余"的意思，董遇说："冬者岁之余，夜者日之余，阴雨者时之余也。""三余"读书，用今天的话说，就是要充分利用碎片时间，把一块一块的边角布一针一线缝补起来，最终才能织出最美的织锦。

　　学习是生活最美丽的状态，奔跑是人生最优雅的姿态。

　　我们每天迎着初升的太阳，开启崭新的一天，要永远对未来怀揣梦想，对生活抱有热望；每天傍晚看着夕阳红坠，要常想"是日已过，命亦随减，如少水鱼，斯有何乐"，不要耽于物欲，不要困于俗务，要常提醒自己在学习的道上困知勉行，勤奋精进，自律自警，慎勿放逸！